Alexandra Rompf / Frank Rompf

Instrumentenbau mit Kindern – kein Problem

Herstellung von Musikinstrumenten aus einfachen Materialien

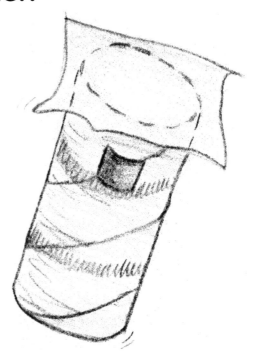

Ⓐ Auer Verlag GmbH

Gedruckt auf umweltbewusst gefertigtem, chlorfrei gebleichtem
und alterungsbeständigem Papier.

4. Auflage 2009
Nach den seit 2006 amtlich gültigen Regelungen der Rechtschreibung
© by Auer Verlag GmbH, Donauwörth
Gesamtherstellung: Ludwig Auer GmbH, Donauwörth
ISBN 978-3-403-0**3446**-9

www.auer-verlag.de

Inhaltsverzeichnis

Vorwort

Der Bau von Instrumenten mit Kindern ist eine spannende und hoch motivierende Angelegenheit.
Sie dient der Auseinandersetzung mit der Entstehung von Tönen, gibt die Möglichkeit zu lernen, wie man
Arbeitsprozesse plant und strukturiert und bringt außerdem noch ein umfangreiches Instrumentarium für
die jeweilige Gruppe zustande.
Allerdings bestehen oftmals Ängste bei den Pädagogen vor einer solch komplexen Aufgabe:

● Es ist die Angst, dass ein zu großes Durcheinander entsteht, da viele Dinge von den Kindern doch nicht
  eigenständig gemacht werden können.
● Es besteht die Befürchtung, dass man die Aufgabe aufgrund der handwerklichen Tätigkeit selbst nicht
  beherrscht.
● Man hält den Klang eines selbst gebauten Instruments musikalischen Anforderungen nicht ausreichend.
● Man befürchtet eine Überforderung der Kinder aufgrund der komplexen Aufgabenstellung.

Mit diesem Buch möchten wir Ihnen eine Hilfe an die Hand geben, wie Instrumentenbau in Gruppen,
Schulklassen oder der musikalischen Früherziehung und Grundausbildung so durchgeführt werden kann,
dass man diese Ängste nicht haben muss. Sie bekommen eine genaue Anleitung zum Bau der Instrumente, ein Arbeitsblatt als Anleitung für die Kinder und Vorschläge für den Einsatz der Instrumente im
Unterricht. Der Instrumentenbau sollte immer auch die Anwendung als Ziel haben.

Oftmals begegnet man der Kritik, selbst gebaute Instrumente würden nicht gut klingen. Sicher kann man
selbst gebaute Instrumente von den Klangeigenschaften her nicht mit professionell hergestellten Instrumenten vergleichen. Folgende Vorteile sollten aber auch bedacht werden:

● Kinder identifizieren sich stärker mit Instrumenten, welche sie selbst hergestellt haben.
● Kinder erfahren bei der Herstellung sehr viel über die Entstehung von Tönen und deren akustische Über-
  tragung.
● Kinder lernen die Organisation und Planung ihrer Arbeit und des Arbeitsprozesses.
● Handwerkliche Tätigkeiten motivieren Kinder.
● Die Herstellung der Instrumente ist sehr kostengünstig.
● Kinder bekommen ein höheres Selbstwertgefühl über die Präsentation von etwas selbst Produziertem.

Die in diesem Buch vorgestellten Instrumente sind natürlich nur eine kleine Auswahl von Möglichkeiten. Es
bietet einen Einstieg in den Bereich „Instrumentenbau" und dabei soll es Grundstrukturen des Herstellungs-
prozesses aufzeigen.

Der Aufbau des Buches ist nach den Instrumentengattungen angelegt. Jedem Instrument wird eine Mate-
rialliste, eine Aufbauanleitung und ein Bild eines fertigen Instruments beigefügt. Der Herstellungsprozess
wird zusätzlich als Arbeitsblatt für die Kinder dargestellt. Anwendungsbeispiele sollen die praktische
Anwendung des fertiggestellten Instruments ermöglichen. Es werden abschließend Anregungen für den
Einsatz im Unterricht gegeben, welche sich auf die Untersuchung der Spielweise, die Erforschung der
akustischen Klangeigenschaften und die Einbindung in den allgemeinen Musikunterricht beziehen.

Wir wünschen viel Spaß und Erfolg bei der Herstellung von selbst gebauten Instrumenten!

1. Instrumentenbau mit Kindern – Was ist zu beachten?

Der Instrumentenbau in größeren Gruppen wie Schulklassen oder Früherziehungsgruppen muss sorgfältig geplant werden. Dazu gehört sowohl die Besprechung der Materialbesorgung als auch die detaillierte Planung der einzelnen Bauabschnitte. In der Praxis hat es sich gezeigt, dass es sinnvoll ist, einzelne Materialien von den Kindern selbst mitbringen zu lassen. Dies hat den Vorteil, dass

- Kinder schon früh lernen, eigenverantwortlich zu planen,
- auch außerhalb der Unterrichtszeit an den Unterricht gedacht werden muss,
- der Schüler das Gefühl hat, etwas Eigenes herzustellen.

Kinder müssen für diese Aufgabe oftmals Unterstützung durch den Lehrer/die Lehrerin und Eltern erhalten. Eltern sollten Kinder daran erinnern, was sie mitbringen sollen, oder der Lehrer/die Lehrerin stellt mit den Kindern zusammen einen Besorgungszettel auf. Die zeitliche Planung der Unterrichtseinheit muss offen sein, um das Projekt eine Unterrichtsstunde zu verschieben, falls nicht alle Kinder an das mitzubringende Material gedacht haben. Andernfalls muss der Lehrer/die Lehrerin Ersatzmaterial bereithalten.

Vor dem Beginn der Herstellung des Instruments sind alle Arbeitsabschnitte mit den Kindern zu besprechen und gegebenenfalls vorzuführen. Der Lehrer/die Lehrerin muss sich im Klaren sein, dass er/sie während des Arbeitsprozesses der Kinder zur praktischen Hilfestellung bereit sein muss, er/sie kann in dieser Phase nicht einzelnen Kindern die Aufgabenstellung erläutern. Wenn Kinder lange auf die Hilfe warten müssen und mit ihrer Arbeit nicht weiterkommen, führt dies meist automatisch zu Unruhe.
Ein weiteres Problem könnte dadurch entstehen, dass einzelne Kinder früher fertig sind als andere. Man sollte dazu anregen, dass diese Kinder den anderen Hilfestellung leisten.

Eine Alternative zur Herstellung einzelner Instrumente ist die Möglichkeit, älteren Kindern eine Reihe von Instrumenten zur Auswahl zu stellen, welche sie in einem bestimmten Zeitraum herstellen können. Sie können selbst entscheiden, welche Instrumente sie bauen wollen. Dazu hängt man Bauanleitungen und Materiallisten für die einzelnen Instrumente im Raum auf und bespricht deren Herstellung. Jedes Kind bespricht in der Gruppe seine Wünsche. Zu Beginn einer Arbeitsphase sollte jedes Kind festlegen, was es in diesem Zeitraum tun möchte: Jeder sollte ein konkretes Ziel vor Augen haben. Der Lehrer/die Lehrerin sollte möglichst von allen Materialien eine gewisse Anzahl als Rücklage haben, falls den Kindern einzelne Teile fehlen. Daran sollte der Instrumentenbau auf keinen Fall scheitern.

Während der Arbeitsphasen sollte sich der Lehrer/die Lehrerin möglichst an einem festen Platz aufhalten, wo er/sie Werkzeug bereithält, mit denen die Kinder nicht selbstständig umgehen können. Er/sie dient als Anlaufstelle für Probleme und führt schwierige oder auch verletzungsgefährdende Arbeiten selbst aus (z. B. Arbeiten mit scharfem Messer).

Nach Fertigstellung der Instrumente sollte man eine Präsentationsform finden, in der die Kinder ihre Instrumente vorführen können. Dies kann eine kleine Aufführung innerhalb einer Schulfeier sein oder auch eine Ausstellung im Schulgebäude.

Werkzeugkiste

Eine gewisse Grundausstattung an Werkzeugen ist für den Instrumentenbau unerlässlich. Deshalb steht am Anfang dieses Buches eine Übersichtsliste von sinnvollen Arbeitsgeräten, welche man sich im Laufe der Zeit zulegen sollte:

- Hammer

- Holzsäge

- scharfes Messer, am besten mehrere Cutter

- Heißklebepistole

- Feile

- Bohrmaschine

- Scheren

- Flüssigkleber (UHU)

- Holzleim

- Kabelbinder

- Schraubzwinge

- Pinsel

- Tesafilm

Verzierungsmaterial

- Moosgummi (kann man gut auf Kunststoff kleben und damit z. B. die Trommel oder die Gitarre verzieren)

- Farben aller Art zum Bemalen von Pappe oder Papier (Farbkasten, Buntstifte, Filzstifte, Wachsmalstifte)

- Pappe, Tonkarton, buntes Papier, Geschenkpapier (zum Bekleben oder Ausschneiden von Vorlagen)

- Wolle, Filz, Watte (für den Kopf der Schlägel)

- Klebepunkte (für die Markierung der Töne bei Gitarre und Kontrabass)

Für welches Alter eignen sich die einzelnen Instrumente?

Antwort auf diese Frage soll der folgende Abschnitt geben. Nicht jedes Instrument ist für alle Altersstufen sinnvoll. Die folgende Grafik gibt einen Überblick, in welchem Alter die Instrumente gebaut werden sollten. Diese Aufstellung versteht sich als Richtschnur.

Instrument	4 J.	5 J.	6 J.	7 J.	8 J.	9 J.	10 J.	11 J.	12 J.
Trommel			■	■	■	■	■	■	■
Klanghölzer		■	■	■	■				
Nuss-Kastagnette	■	■							
Gitarre			■	■	■	■	■	■	■
Schmetterling		■	■	■	■	■			
Kontrabass				■	■	■	■	■	■
Rassel-Ei	■	■							
Becher-Rassel	■	■	■	■	■				
Glöckchen		■	■	■	■	■	■		
Kronkorken-Rassel			■	■	■	■			
Halm-Oboe			■	■	■	■	■	■	■
Kazoo		■	■	■	■	■	■	■	■
Bambusklarinette			■	■	■	■	■	■	■

Diese Aufstellung orientiert sich an den erforderlichen handwerklichen Fähigkeiten und an der Anwendungsmöglichkeit. Nuss-Kastagnette, Rassel-Ei, Klanghölzer und Becher-Rassel eignen sich sehr gut für den Anfangsunterricht. Die Trommel kann zu einem Grundinstrument zum Üben rhythmischer Strukturen benutzt werden, die Gitarre als Grundlageninstrument zum Spielen von melodischen Verläufen.

Halm-Oboe und Bambusklarinette können den Kindern als Anschauungsobjekt für die klassischen Instrumente Oboe und Klarinette dienen. Sie können einen Eindruck davon bekommen, wie man auf diesen Instrumenten einen Ton erzeugt. Die anderen Instrumente können je nach Anlass eingesetzt werden: Ein Schmetterling zum Sommerfest, Glöckchen und Kronkorken-Rassel in der Weihnachtszeit.

2. Schlaginstrumente

Die Familie der Schlaginstrumente steht am Anfang dieses Buches, weil diese Instrumente sich am besten für Kinder eignen: Zum größten Teil geht es beim Spielen dieser Instrumente um den Rhythmus, nicht um die Tonhöhe. Die rhythmische Ebene von Musik ist bei Kindern sehr schnell eingängig, die Unterscheidung von Tonhöhen und die Umsetzung auf Instrumenten erfordert dagegen erheblich mehr Übung und Zeitaufwand.

Die Bezeichnung „Schlag-Instrument" bezieht sich auf die Spielweise der Instrumente. In der Musiktheorie unterscheidet man hingegen Idiophone (Instrumente aus Naturmaterial, die gestampft, geschüttelt, geschlagen oder gerieben werden) und Membranophone. Kastagnette und Klanghölzer gehören demnach zu den Idiophonen, die Trommel zu den Membranophonen. Diese Instrumente gehören wohl seit Beginn der Menschheit zum Leben. Sie können in ihrer Einfachheit von den Schülern nacherfunden werden.

2.1 Trommel

Zur Herstellung einer Trommel gibt es zahlreiche Möglichkeiten. Die hier vorgestellte Variante zeigt, wie man kostengünstig zu einer gut klingenden Trommel kommen kann. Folgende Utensilien benötigen Sie:

Material	Werkzeug
• 1 großer Plastikeimer (schon für 1 € zu bekommen) • Butterbrotpapier • Kleister • Farbe oder Papier zum Bekleben	• scharfes Messer (Cutter) • Pinsel • Schere • Kleber (Heißklebepistole) • Schüssel

Arbeitsschritte:

1. Zunächst wird der Kleister angerührt: Dazu ist es sinnvoll, in einer kleinen Schüssel wenig Kleister anzurühren, da nicht sehr viel benötigt wird. Nach Möglichkeit den Kleister ohne Klumpen anrühren.

2. Der Henkel des Eimers wird mit einem scharfen Messer (Cutter) entfernt. Ebenfalls mit dem scharfen Messer (Cutter) wird der Boden des Eimers herausgeschnitten.

3. Auf den Rand des Eimers trägt man gleichmäßig nicht wasserlöslichen Kleber auf und legt die erste Lage Butterbrotpapier darauf. Das Papier sollte möglichst straff aufliegen. Reicht ein Bogen nicht für die gesamte Oberfläche, muss man einen zweiten Teil überlappend ansetzen. Dies ist in den folgenden Anweisungen ebenfalls zu berücksichtigen.

4. Je nach Größe des Butterbrotpapiers kleistert man 1–2 Lagen ein und lässt sie ziehen.

Arbeitsblatt Trommel

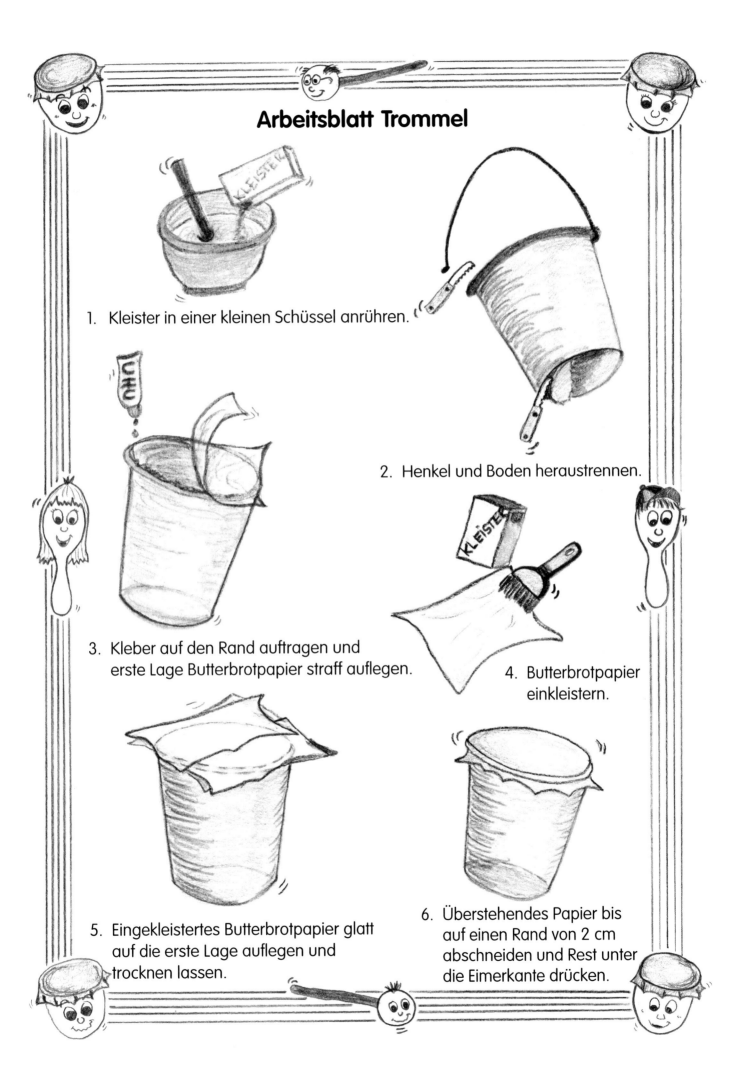

1. Kleister in einer kleinen Schüssel anrühren.

2. Henkel und Boden heraustrennen.

3. Kleber auf den Rand auftragen und erste Lage Butterbrotpapier straff auflegen.

4. Butterbrotpapier einkleistern.

5. Eingekleistertes Butterbrotpapier glatt auf die erste Lage auflegen und trocknen lassen.

6. Überstehendes Papier bis auf einen Rand von 2 cm abschneiden und Rest unter die Eimerkante drücken.

5. Das eingekleisterte Butterbrotpapier wird auf den Rand des Eimers aufgelegt und mit einer Hand streichend vorsichtig auf die erste Schicht gebracht.

6. Das überstehende Papier wird in einem Abstand von ca. 2 cm vom Eimerrand abgeschnitten und der Rest unter die Eimerkante gedrückt.

7. Wenn die zweite Lage gut getrocknet ist, können diese und ein weiteres Stück Butterbrotpapier eingekleistert werden. Wieder beides gut ziehen lassen und dann vorsichtig, möglichst ohne Falten, die dritte Lage aufbringen. Alles gut trocknen lassen.

8. Es ist nun möglich, weitere Lagen nach dem gleichen Verfahren aufzutragen. Je mehr Lagen man aufträgt, desto reißfester wird das „Trommelfell", aber der Klang der Trommel wird dadurch auch schlechter. Wenn man Kinder darauf aufmerksam macht, dass man nicht zu fest auf die Trommel schlagen darf, genügen meist schon zwei Lagen. Sicher kommt hin und wieder ein Loch in die Trommel, aber dieses kann man mit Butterbrotpapier und Kleister leicht wieder flicken. Nun kann die Trommel beliebig geschmückt werden. Man kann sie beispielsweise mit Geschenkpapier bekleben oder mit Wolle einwickeln (mit der Heißklebepistole hält das Papier auf dem Kunststoffeimer besser). Der Fantasie der Kinder sind hier keine Grenzen gesetzt.

9. Was nun noch fehlt, ist der Schlägel. Zur Herstellung siehe 2.4 auf S. 16.

Noch haltbarer, aber auch aufwendiger: Variante „Seilbespannung"

Dazu bohren Sie mit einer Bohrmaschine in die obere Eimerkante Löcher im Abstand von ca. 4 cm. Ziehen Sie Wolle durch die Löcher und spannen Sie diese zu einer Art Spinnennetz. Dies gibt dem Trommelfell zusätzlichen Halt und schützt es vor Rissen. Die Tonqualität wird dadurch nur geringfügig gemindert.

Praktische Anwendung im Unterricht

Der Einsatz der Trommel im Unterricht ist vielfältig: Die Trommel kann zum Begleiten von Liedern benutzt werden, sie eignet sich bei Klanggeschichten für laute dumpfe Geräusche, z. B. in einer Wettergeschichte der Donner (s. u.), und ist geeignetes Trainingsgerät für rhythmische Formen. Die Untersuchung akustischer Phänomene kann hier am Beispiel der Übertragung von Schallwellen aufgezeigt werden. Wenn man die Hand an die Öffnung des aufgeschnittenen Eimerbodens hält und die Trommel spielt, so kann man fühlen, dass Luft in Bewegung gesetzt wird. Wodurch dies geschieht, wird deutlich, wenn man etwas Zucker auf die „Membran" legt und dann vorsichtig die Trommel spielt: Die Zuckerkörner werden so zum „Tanzen" gebracht. Es bietet sich an zu untersuchen, worin der Unterschied zwischen Trommeln mit offenem Boden und Trommeln mit geschlossenem Boden liegt. Man kann die Beobachtung machen, dass die Schwingungsintensität der Membran den Ton verändert. Ist der Boden geschlossen, kann die Luft nur schlecht entweichen. Deshalb klingt der Ton bei geschlossenem Boden höher (heller), aber auch kürzer. Das Gleiche kann man beobachten, wenn man Trommeln mit unterschiedlicher Stärke (Anzahl der Butterbrotpapier-Lagen) vergleicht. Vergleichen kann man auch unterschiedlich große Trommeln: Je größer eine Trommel, desto tiefer ist in der Regel ihr Ton (abhängig von der Membranstärke und -spannung).

Anwendungsbeispiel: Wettergeschichte als grafische Notation:

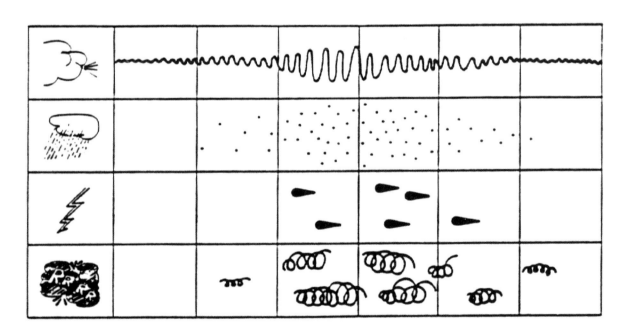

2.2 Klanghölzer (Claves)

Die Herstellung von Klanghölzern erfordert wohl von allen hier vorgestellten Instrumenten den geringsten Aufwand.

Material	Werkzeug
• Rundholzstange (Ø ca. 1 cm) • Farbe • Lack	• Säge • Schmirgelpapier • Pinsel

Arbeitsschritte:

1. Zunächst werden von der Rundholzstange Holzstücke mit einer Länge von jeweils 20 cm abgesägt.

2. Die Schnittkanten sollten gut mit Schmirgelpapier geglättet werden, damit sich kein Kind an Splittern verletzt.

3. Die Klanghölzer können beliebig bemalt werden. Nach dem Bemalen müssen sie allerdings lackiert werden, da sich die Farbe durch die feuchten Hände beim Spielen ablöst.

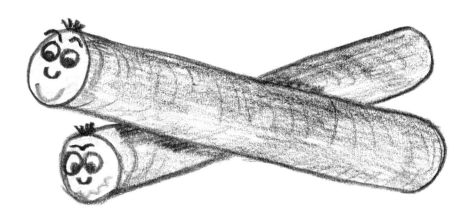

Praktische Anwendung im Unterricht

Die Klanghölzer werden von kleineren Kindern in die Hände genommen und gegeneinander geschlagen. Für fortgeschrittene Spieler besteht die Möglichkeit, eines der beiden Klanghölzer auf eine geballte Faust zu legen und mit dem anderen Klangholz auf dieses zu schlagen. Dadurch entsteht ein wesentlich kräftigerer Klang. Diese Beobachtung können die Kinder übertragen auf bekannte Instrumente: Je größer der Verstärker, desto klangvoller der Ton. Als Beispiel kann der Vergleich einer E-Gitarre mit einer akustischen Gitarre dienen.

Die Klanghölzer finden einen guten Einsatzbereich in Klanggeschichten. So kann man mit ihnen hervorragend den Hagel in einer Wettergeschichte nachahmen. Im Unterricht können Bilder von einzelnen Wettersituationen gemalt werden. Man überlegt sich Instrumente zu den jeweiligen Bildern und malt, wie die Instrumente zu spielen sind.

Arbeitsblatt Klanghölzer

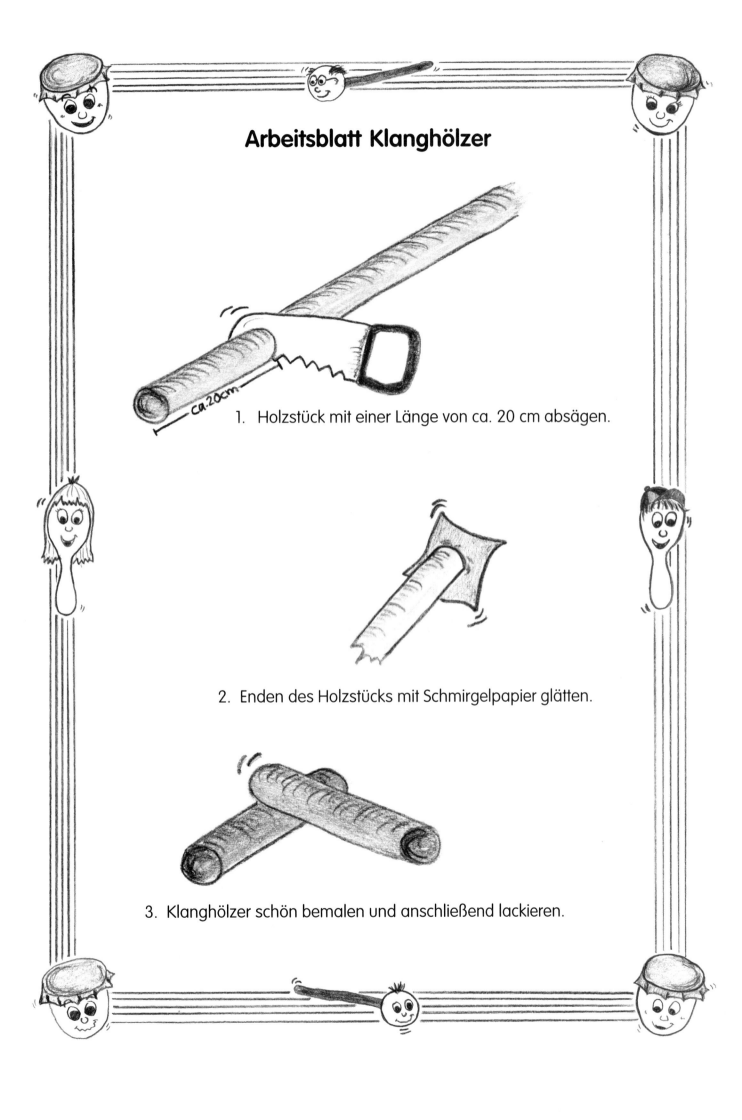

1. Holzstück mit einer Länge von ca. 20 cm absägen.

2. Enden des Holzstücks mit Schmirgelpapier glätten.

3. Klanghölzer schön bemalen und anschließend lackieren.

2.3 Nuss-Kastagnette

Die Nuss-Kastagnette ist ein Instrument, dessen Herstellung gut in die Weihnachtszeit passt. Trotzdem ist es auch ein Instrument, welches in einem Satz selbst gebauter Instrumente nicht fehlen darf, da es sehr gut klingen kann.

Material
● 1 Walnuss
● bunte Pappe

Werkzeug
● Schere
● scharfes Messer (Cutter)
● Kleber (Heißklebepistole)
● Farbstifte

Arbeitsschritte:

1. Mit einem scharfen Messer (Cutter) wird die Walnuss in der Mitte so geteilt, dass die Schale nicht zerbricht. Den Inhalt können die Kinder gleich verzehren.

2. Nun wird die Zeichenvorlage auf Pappe übertragen und ausgeschnitten.

3. In der Mitte wird die Pappe geknickt, so dass nachher die Nusshälften zusammentreffen können.

4. Mit einer schönen Bemalung kann zunächst eine Seite der Pappe verziert werden. Das Motiv kann je nach Jahreszeit ausgewählt werden (z. B. Weihnachten).

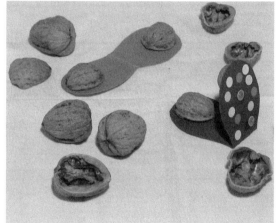

5. Auf die unbemalte Seite werden nun jeweils die Nusshälften aufgeklebt. Das Instrument sollte erst gut getrocknet sein, bevor man es testet (arbeitet man mit einer Heißklebepistole, entfällt die Wartezeit für das Trocknen des Klebers).

Zur Klang-Erzeugung werden nun die Nusshälften wie bei Kastagnetten gegeneinander geschlagen.

Praktische Anwendung im Unterricht

Die Nuss-Kastagnette eignet sich sehr gut zum Begleiten von Liedern und zum Einsatz bei Tänzen. Es gibt zwei Spieltechniken: Zum einen kann man die Kastagnette mit zwei Händen spielen und die Nüsse zu einem bestimmten Zeitpunkt aufeinander schlagen, zum anderen kann man sie auch mit einer Hand spielen. Dazu nimmt man sie an der Knickstelle der Pappe und schaukelt sie hin und her. Dabei stoßen die Nusshälften aneinander. Das Spielen der Nuss-Kastagnette kann man trainieren, indem man zu Spruchversen spielt. Dabei schlägt man die Nusshälften jeweils beim Sprechen einer Silbe aufeinander.
Eine andere Anwendungsmöglichkeit ist das Spielen zu Tänzen, wie es in spanischen Folkloretänzen üblich ist. Dazu bindet man mit einem Faden die geknickten Kastagnetten an die Hände, durch Öffnen und Schließen der Hand werden sie zum Klingen gebracht.

Arbeitsblatt Nuss-Kastagnette

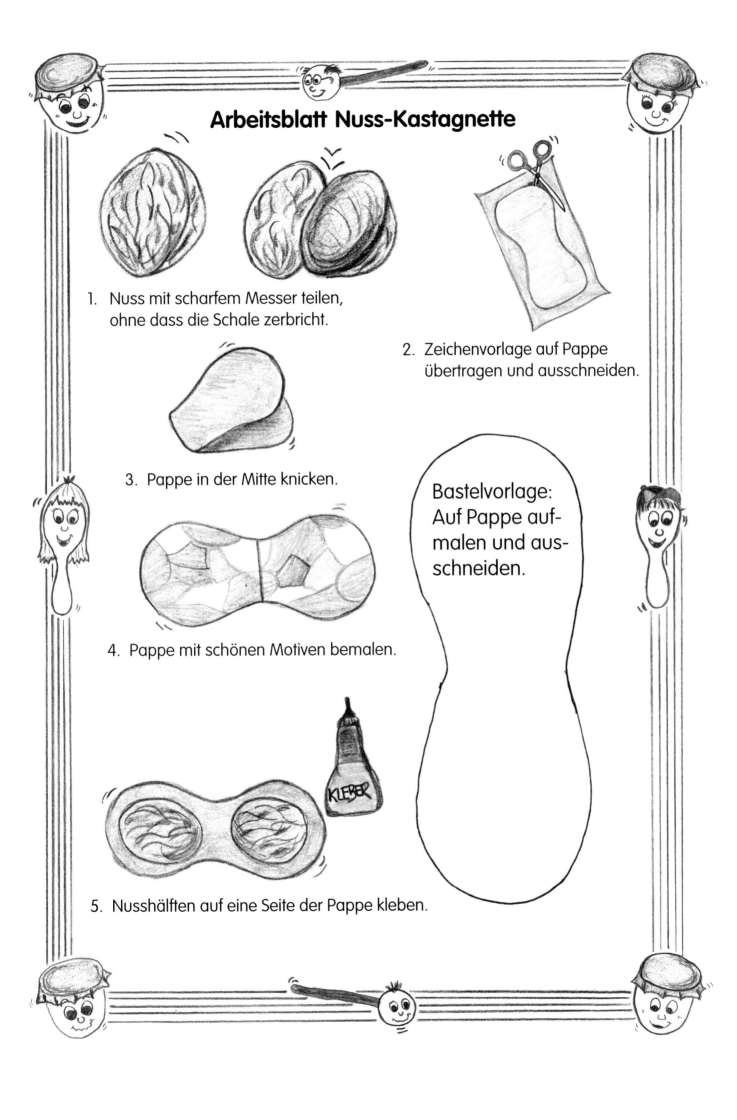

1. Nuss mit scharfem Messer teilen, ohne dass die Schale zerbricht.

2. Zeichenvorlage auf Pappe übertragen und ausschneiden.

3. Pappe in der Mitte knicken.

4. Pappe mit schönen Motiven bemalen.

Bastelvorlage: Auf Pappe aufmalen und ausschneiden.

KLEBER

5. Nusshälften auf eine Seite der Pappe kleben.

2.4 Ergänzung: Schlägel

Holzschlägel

Zur Herstellung von Holzschlägeln benötigt man einen dünnen Stab, eine Holzkugel und eine Bohrmaschine. Der Stab sollte eine Länge von ca. 20 cm haben. In die Kugel wird ein Loch mit der Stärke des Stabdurchmessers gebohrt. Jetzt kann man die Kugel auf den Stab aufkleben.

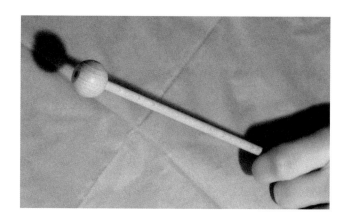

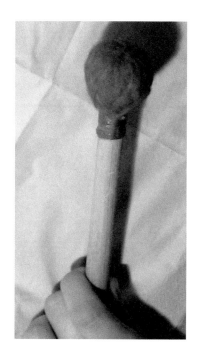

Wollschlägel

Zur Herstellung eines Wollschlägels benötigt man einen 20 cm langen Holzstab, einen 4 cm langen Draht, eine Bohrmaschine, Watte und Wolle. In das eine Ende des Stabes wird ein Loch gebohrt, sodass der Draht hineingesteckt und verdreht werden kann. Er dient als Halt für den Schlägelkopf. Um diesen Draht wird die Watte gestülpt. Diese wird nun sehr straff mit Wolle umwickelt, welche zum Schluss gut verknotet wird. Die Herstellung erfordert allerdings sehr viel Geschick, da beim Wickeln die Wolle immer wieder abrutschen kann. Damit der Schlägel lange hält, kann man den Übergang zwischen Holzstab und Wolle mit Heißkleber verstärken. So kann die Wolle sich nicht mehr so leicht ablösen.

Filzschlägel

Die Herstellung eines Filzschlägels erfolgt wie beim Wollschlägel, allerdings wird die Watte nicht mit Wolle eingefasst, sondern mit Filz. Zieht man den Filz über die Watte, so muss man mit einem festen Faden oder Wolle den Schlegelkopf wie einen Sack verschnüren. Auch hier ist es ratsam, den Übergang mit Heißkleber zu verbinden.

Arbeitsblatt Schlägel

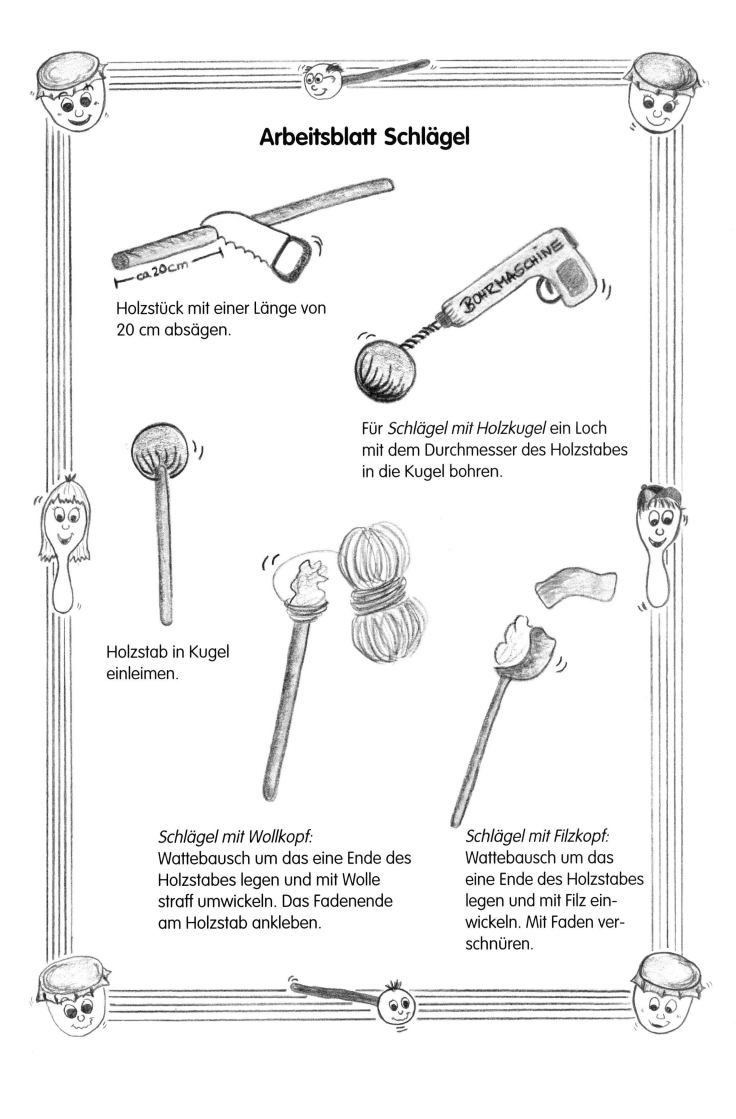

Holzstück mit einer Länge von 20 cm absägen.

Für *Schlägel mit Holzkugel* ein Loch mit dem Durchmesser des Holzstabes in die Kugel bohren.

Holzstab in Kugel einleimen.

Schlägel mit Wollkopf:
Wattebausch um das eine Ende des Holzstabes legen und mit Wolle straff umwickeln. Das Fadenende am Holzstab ankleben.

Schlägel mit Filzkopf:
Wattebausch um das eine Ende des Holzstabes legen und mit Filz einwickeln. Mit Faden verschnüren.

3. Saiteninstrumente

Die Familie der Saiteninstrumente hat in der traditionellen Musik eine zentrale Bedeutung: Sie sind Grundbestandteil eines jeden Orchesters, es gibt außerordentlich viel Literatur für Saiteninstrumente und sie gelten sagenumwoben als das erste Instrument (in der Anschauung des Altertums ist die irdische Musik in dem Moment entstanden, als ein mythischer Mensch oder Halbgott mit dem Fuß an die ausgetrockneten Überreste einer Schildkröte stieß, in welchen sich eine Sehne über den Schild spannte). Deshalb ist es wichtig, dass sich Kinder mit der Entstehung von Klängen durch das Spielen von Saiteninstrumenten beschäftigen. Eine grundlegende Beobachtung ist dabei, dass eine Erhöhung der Saitenspannung, eine Verkürzung der schwingenden Saite und auch die Verringerung der Saitenstärke zur Erhöhung des Tones führen.

3.1 Gitarre

Die Gitarre ist ein sehr vielseitiges Instrument: Sie dient der Begleitung von Liedern, kann aber auch Melodie-Instrument sein. Für die hier vorgestellte Gitarre gibt es zwei Varianten: Die Gitarre mit einer Saite oder mit mehreren Saiten. Je mehr Saiten das Instrument bekommen soll, desto schwerer wird die Herstellung. Deshalb ist es in der Arbeit mit Kindern empfehlenswert, die Gitarre auf eine Saite zu beschränken.

Material	Werkzeug
• Holzleiste mit Maßen 1 cm × 3 cm × 100 cm • Nylonschnur • 1 Kunststoffgefäß (Joghurtbecher, Tennisballdose, kleine Schüssel, Kakaodose) • 2 Kabelbinder • 1 Korken	• Bohrmaschine • scharfes Messer (Cutter) • Farbstifte

Arbeitsschritte (für einsaitige Gitarre):

1. In den Plastikbehälter werden mit einem scharfen Messer (Cutter) Löcher geschnitten, so dass man die Holzleiste hindurchstecken kann. Dies ist nicht leicht und auch nicht ungefährlich. Dieser Schritt bedarf der Unterstützung.

2. An beiden Enden der Holzleiste wird mit der Bohrmaschine möglichst dicht am Rand, aber in der Mitte der Leiste, ein Loch gebohrt. Das Loch muss so groß sein, dass ein Kabelbinder hindurchgesteckt werden kann.

3. Nachdem der Plastikbehälter auf die Holzleiste aufgesteckt wurde, wird an dem einen Ende der Holzleiste der Kabelbinder durch das Loch gesteckt, bis zum ersten Einrasten zusammengesteckt und die Nylonschnur mit dem Kabelbinder fest verknotet (die dem Plastikbehälter gegenüberliegende Seite). Auf der anderen Seite wird die Nylonschnur mit dem geschlossenen Kabelbinder verbunden und möglichst straff gespannt.

Arbeitsblatt Gitarre

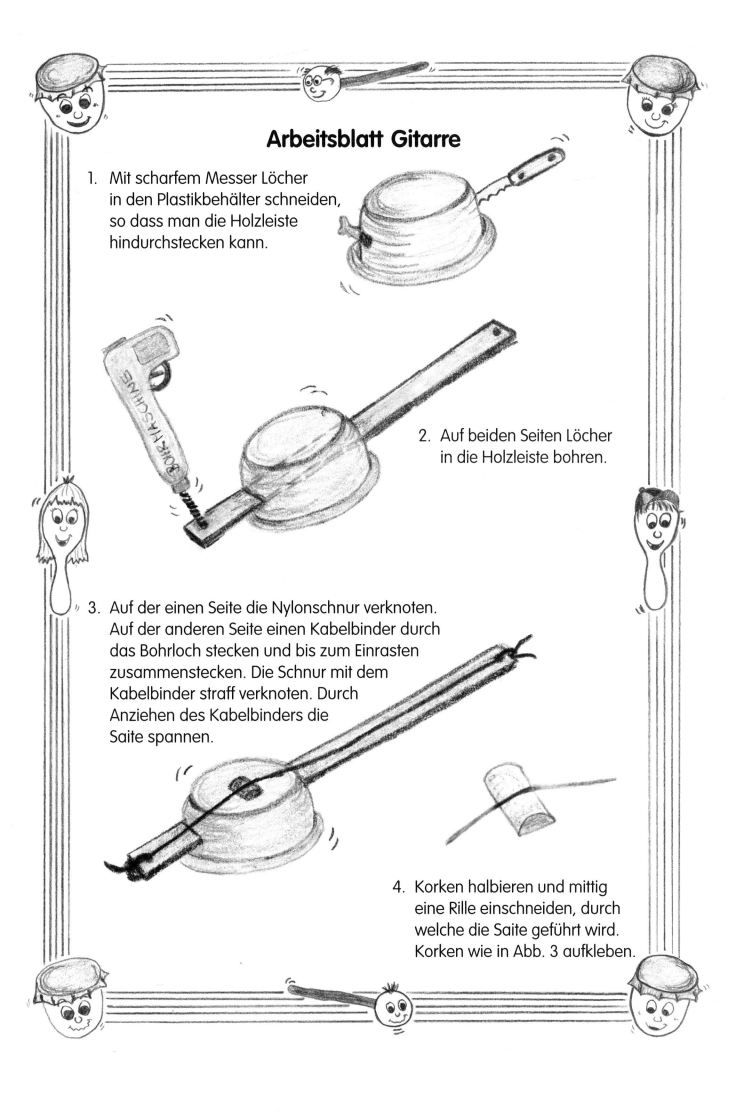

1. Mit scharfem Messer Löcher in den Plastikbehälter schneiden, so dass man die Holzleiste hindurchstecken kann.

2. Auf beiden Seiten Löcher in die Holzleiste bohren.

3. Auf der einen Seite die Nylonschnur verknoten. Auf der anderen Seite einen Kabelbinder durch das Bohrloch stecken und bis zum Einrasten zusammenstecken. Die Schnur mit dem Kabelbinder straff verknoten. Durch Anziehen des Kabelbinders die Saite spannen.

4. Korken halbieren und mittig eine Rille einschneiden, durch welche die Saite geführt wird. Korken wie in Abb. 3 aufkleben.

4. Auf den Plastikbehälter wird ein halbierter Korken aufgeklebt, über den die Nylonschnur geführt wird. Dieser ist so anzubringen, dass die Nylonschnur nicht mehr den Plastikbehälter berührt.

Ist der Kleber getrocknet, kann mit dem Kabelbinder die Schnur straffer gespannt werden. Hierbei sollen die Kinder die Beobachtung machen, dass der Ton höher wird, je fester man das Seil spannt.

Praktische Anwendung im Unterricht

Die handwerkliche Herstellung der Gitarre ist nur ein Teil der Arbeit, um das Instrument fertigzustellen. Der zweite Teil ist eher eine musikalische Arbeit: Es soll herausgefunden werden, wo die sogenannten Bundstäbe bei der selbst gebauten Gitarre liegen. Dazu sollte man sich als Erstes auf die Suche nach der Oktave machen. Man drückt mit einem Finger an unterschiedlichen Stellen die Saite auf das Holz und überprüft zupfend die Tonhöhe. Dieses Verfahren ist schwierig und bedarf der Hilfe des Lehrers/der Lehrerin. Um andere Töne herauszufinden, verfährt man in der gleichen Art und Weise. Man kann sich die gefundenen Töne erst einmal mit Bleistift markieren und diese anhand des Spielens von ersten Liedern überprüfen. Findet man die markierten Punkte passend, kann man sie grafisch kennzeichnen. Man malt farbige Punkte als Zeichen für bestimmte Töne und kann darüber zu einer Notation finden, nach der man Liedmelodien spielt. Die Gitarre kann nun noch schön verziert werden. Wichtiger Hinweis: Wenn sich das Plastikgefäß verschiebt, ändert sich auch die Lage der Bundstäbe. Man sollte gut markieren, an welcher Stelle sich das Plastikgefäß zum Zeitpunkt des Herausfindens der Bundstäbe befindet oder, noch besser, den Plastikbehälter fest an das Holz kleben.

Das Lied, welches als Einsatzmöglichkeit im Unterricht an dieser Stelle vorgestellt wird, eignet sich natürlich für alle Instrumente. Man sollte auf die richtige Gestikulation der Spielweise eines besungenen Instruments achten.

Noch mehr Saiten?

Es stellt sich die Frage, ob es sinnvoll ist, eine Gitarre mit mehr als einer Saite herzustellen. Es ist möglich, indem man die Holzleiste breiter kauft und zwei oder mehr Löcher an den Enden bohrt. Wir halten es aber nur für Anschauungszwecke als empfehlenswert, eine mehrsaitige Gitarre zu bauen. Durch die Wahl von unterschiedlichen Saiten kann man gut experimentieren. Auch der Zusammenhang zwischen Saitenspannung und Tonhöhe kann so einleuchtend erklärt werden. Für Schüler/-innen ist die einsaitige Gitarre aber sinnvoller.

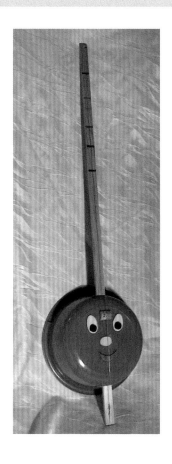

Arbeitsblatt „Spielen der Gitarre"

Wenn du lernen möchtest, auf der selbst gebauten Gitarre Lieder zu spielen, dann kannst du hier eine Anleitung und Hilfe finden. Dein Lehrer muss dir nur die Stellen anzeichnen, wo du deinen Finger drücken musst, um den Ton richtig zu verändern. Du solltest jeder Stelle eine eigene Farbe geben. Trage diese Farben in die folgende Abbildung ein.

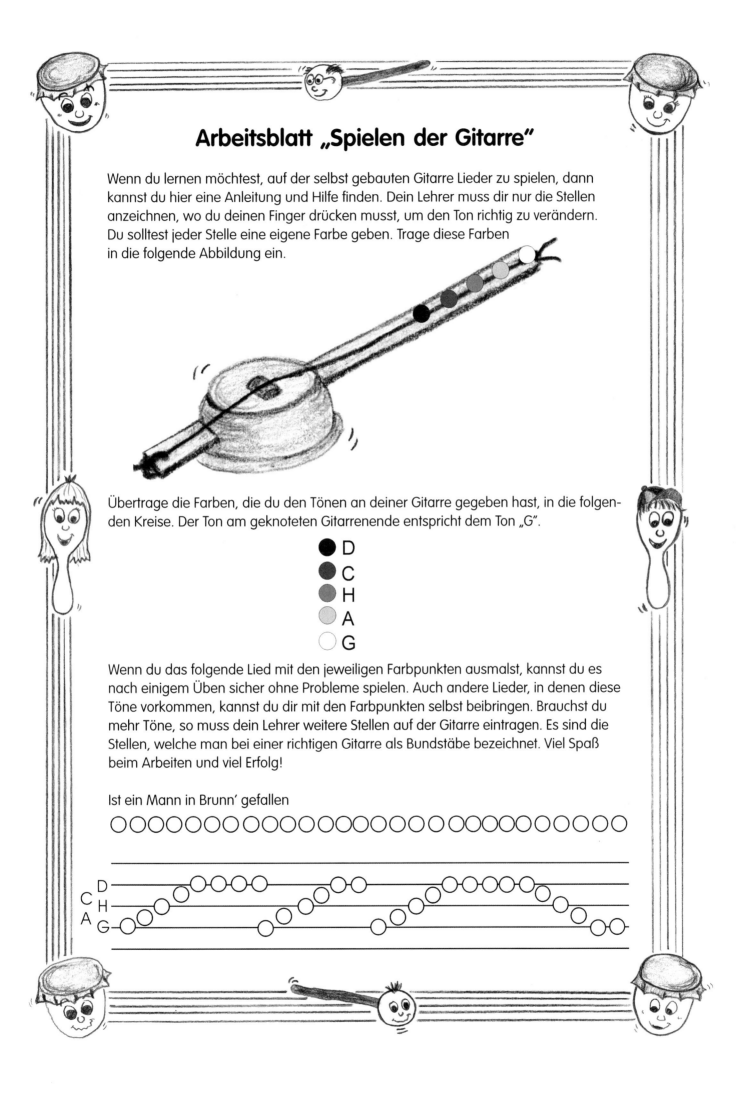

Übertrage die Farben, die du den Tönen an deiner Gitarre gegeben hast, in die folgenden Kreise. Der Ton am geknoteten Gitarrenende entspricht dem Ton „G".

● D
● C
● H
● A
○ G

Wenn du das folgende Lied mit den jeweiligen Farbpunkten ausmalst, kannst du es nach einigem Üben sicher ohne Probleme spielen. Auch andere Lieder, in denen diese Töne vorkommen, kannst du dir mit den Farbpunkten selbst beibringen. Brauchst du mehr Töne, so muss dein Lehrer weitere Stellen auf der Gitarre eintragen. Es sind die Stellen, welche man bei einer richtigen Gitarre als Bundstäbe bezeichnet. Viel Spaß beim Arbeiten und viel Erfolg!

Ist ein Mann in Brunn' gefallen

○○○○○○○○○ ○○○○○○○ ○○○○○○○ ○○○○○○ ○○○○○ ○○○○○○ ○○○

3.2 Schmetterling

Der Schmetterling ist nur indirekt als Instrument zu bezeichnen. Er erzeugt zwar auch Töne, ist aber mit keinem klassischen Instrument vergleichbar. Er eignet sich besonders zum Instrumentenbau in großen Gruppen (Sommerfest, Weihnachtsfeier).

Material	Werkzeug
• 1 Holzwäscheklammer • 1 Korken • 1 Luftballon • Pappe • Schnur	• Kleber (Heißklebepistole) • Schere • scharfes Messer (Cutter) • Farbstifte

Arbeitsschritte:

1. Die Holzwäscheklammer wird in zwei Teile zerlegt, das Metallteil wird nicht benötigt.

2. Von dem Korken wird eine Scheibe in der Stärke der Wäscheklammer abgeschnitten und halbiert.

3. Die Korkenhälften werden jeweils auf der gewellten Seite der Wäscheklammer in der Mitte aufgeklebt (bei der Verwendung einer Heißklebepistole entfällt das Warten, bis der Kleber ausreichend getrocknet ist).

4. Die Vorlage für den Schmetterling wird auf Pappe übertragen und ausgeschnitten. Diese Schmetterlings-form kann nun individuell gestaltet werden. Anschließend wird sie in der Mitte gefaltet.

5. Die Wäscheklammerhälften werden mit der glatten Seite auf den unteren Rand der Pappe geklebt.

6. Vom Luftballon wird vom schmalen Teil der Verstärkung an der Öffnung ein Streifen in der Stärke der Wäscheklammer abgeschnitten.

7. Dieser Teil des Luftballons wird nun über die Enden der Wäscheklammer und über die Korkenhälften gespannt. Dieser Schritt ist ein wenig knifflig und erfordert etwas Geduld. Möglichst keine Falten in den Gummistreifen bringen.

Schließlich wird zwischen die gefaltete Pappe eine Schnur geklebt. Wenn der Kleber getrocknet ist, kann man den Schmetterling über dem Kopf drehend fliegen lassen. Halten Sie aber bitte Abstand, damit der Schmetterling nicht gegen eine andere Person oder einen Gegenstand fliegt. Beim schnellen Drehen werden summende Töne hörbar.

Praktische Anwendung im Unterricht

Der Schmetterling ist ein Instrument, welches man nicht so gut in einem geschlossenen Raum „spielen" kann. Es ist gedacht als eine Möglichkeit für ein Abschlusskonzert einer Feier. Kinder können aber der Frage nachgehen, warum die Töne entstehen. Dabei werden sicher einige Kinder auf die Idee kommen, dass es auch sonst in der Natur Windgeräusche gibt. Die Erklärung, dass durch die Luft die Gummisaiten in Schwingung versetzt werden, kann man verdeutlichen, wenn man eine Fahne beobachtet, die im Wind weht, oder auch ein Tuch, welches man aus-gebreitet durch die Luft gleiten lässt. Diese Bewegung findet auch bei den Gummisaiten statt, nur viel schneller. Dadurch kommt es zu den Tönen.

Arbeitsblatt Schmetterling

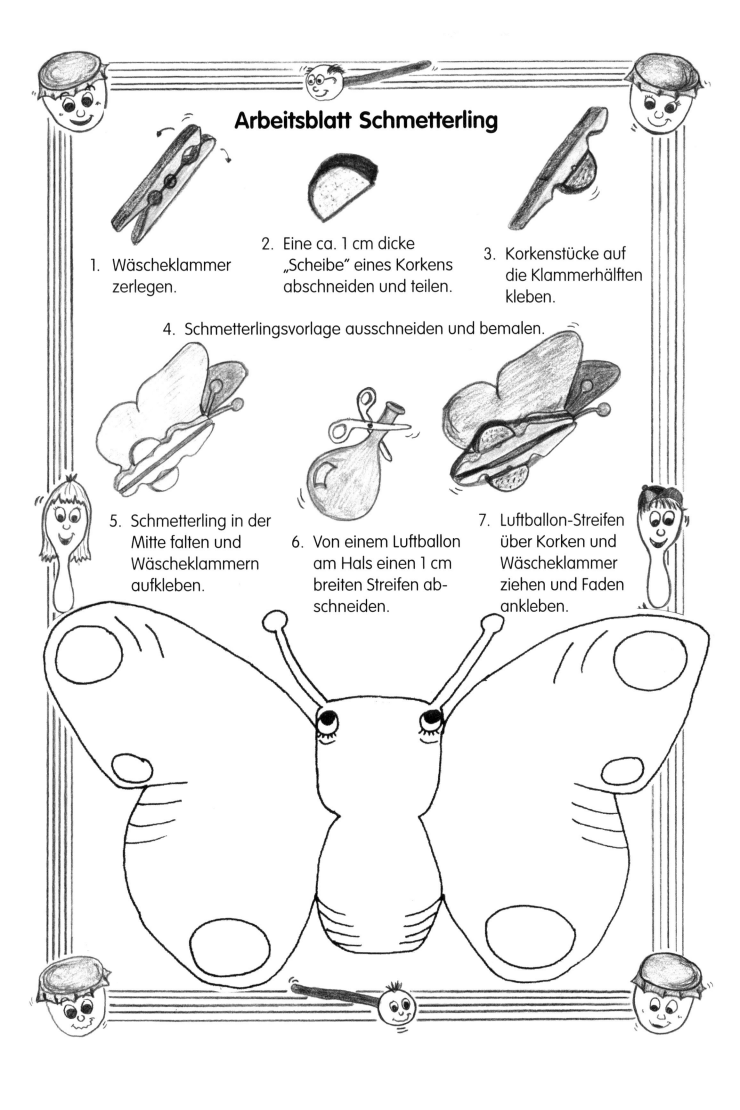

1. Wäscheklammer zerlegen.

2. Eine ca. 1 cm dicke „Scheibe" eines Korkens abschneiden und teilen.

3. Korkenstücke auf die Klammerhälften kleben.

4. Schmetterlingsvorlage ausschneiden und bemalen.

5. Schmetterling in der Mitte falten und Wäscheklammern aufkleben.

6. Von einem Luftballon am Hals einen 1 cm breiten Streifen abschneiden.

7. Luftballon-Streifen über Korken und Wäscheklammer ziehen und Faden ankleben.

3.3 Kontrabass

In der Herstellung ist der Kontrabass der Gitarre ähnlich. Er ist allerdings etwas komplizierter, da man mit sehr langen und sperrigen Materialien arbeitet. Es sieht aber toll aus, wenn ein „kleiner" Mensch einen großen Kontrabass spielt, und er klingt außerdem verblüffend gut.

Material	Werkzeug

• Holzleiste
  1 cm x 4 cm x 200 cm
• Holzleiste
  1 cm x 2 cm x 200 cm
• Nylonschnur
• 1 Plastikeimer
• 2 Kabelbinder
	• Bohrmaschine
	• scharfes Messer (Cutter)
	• Farbstifte

Arbeitsschritte:

1. Die schmalere Holzleiste wird mit Holzleim mittig auf die breitere Holzleiste aufgeleimt, mit Schraubzwingen zusammengedrückt und zum Trocknen gelegt.

2. In den Plastikbehälter werden mit einem scharfen Messer (Cutter) Löcher geschnitten, so dass man die Holzleisten hindurchstecken kann.

An beiden Enden der Holzleiste wird mit der Bohrmaschine möglichst dicht am Rand, aber in der Mitte der Leiste, ein Loch gebohrt, durch das jeweils ein Kabelbinder gesteckt wird (siehe Seite 29).

3. Nachdem der Plastikbehälter auf die Holzleiste aufgesteckt wurde, wird an dem einen Ende der Holzleiste die Nylonschnur mit dem Kabelbinder fest verknotet (die dem Plastikbehälter gegenüberliegende Seite). Auf der anderen Seite wird die Nylonschnur mit dem geschlossenen Kabelbinder verbunden und möglichst straff gespannt.

4. Auf den Plastikbehälter wird ein halbierter Korken aufgeklebt, über den die Nylonschnur geführt wird.

5. Nun kann die Schnur mittels der Kabelbinder gespannt werden. Da das Holz in einer derartigen Länge nicht sehr stabil ist, wird es schwer fallen, den Kontrabass in eine richtige Stimmung zu bringen. Jedem Kind wird aber die Beziehung „Länge eines Instruments – Tonhöhe" beim Vergleichen von Gitarre und Kontrabass deutlich.

Variation: Sollten eine alte Kontrabasssaite und ein Bogen zur Verfügung stehen, dann sollten diese als Material für den Kontrabass verwendet werden.

Trommel (vgl. S. 8)

Klanghölzer (vgl. S. 12)

Nuss-Kastagnetten (vgl. S. 14)

Holzschlägel (vgl. S. 16)

Wollschlägel (vgl. S. 16)

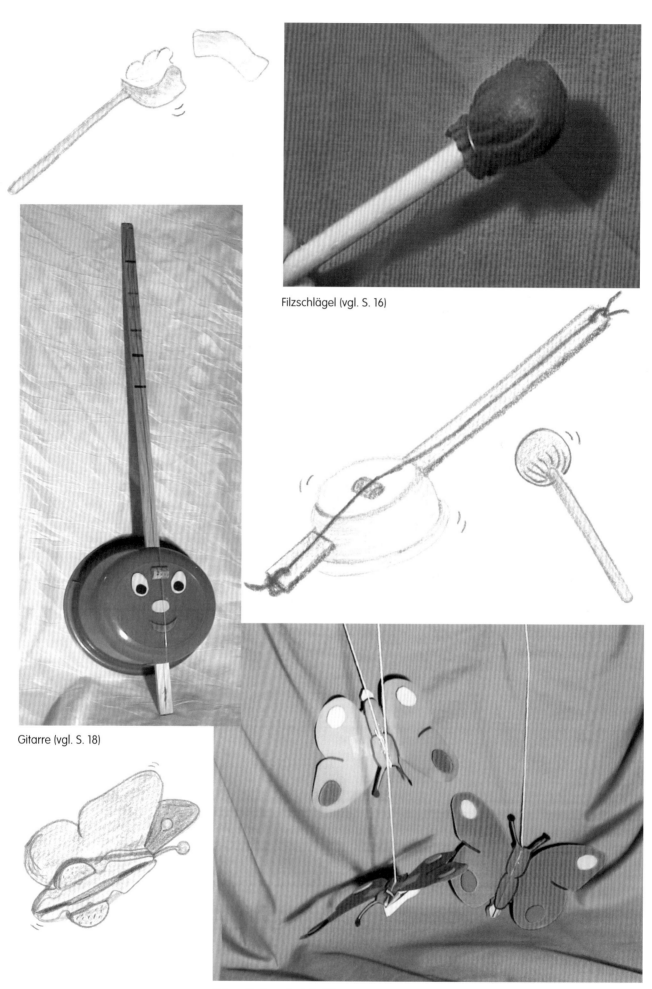

Filzschlägel (vgl. S. 16)

Gitarre (vgl. S. 18)

Schmetterlinge (vgl. S. 22)

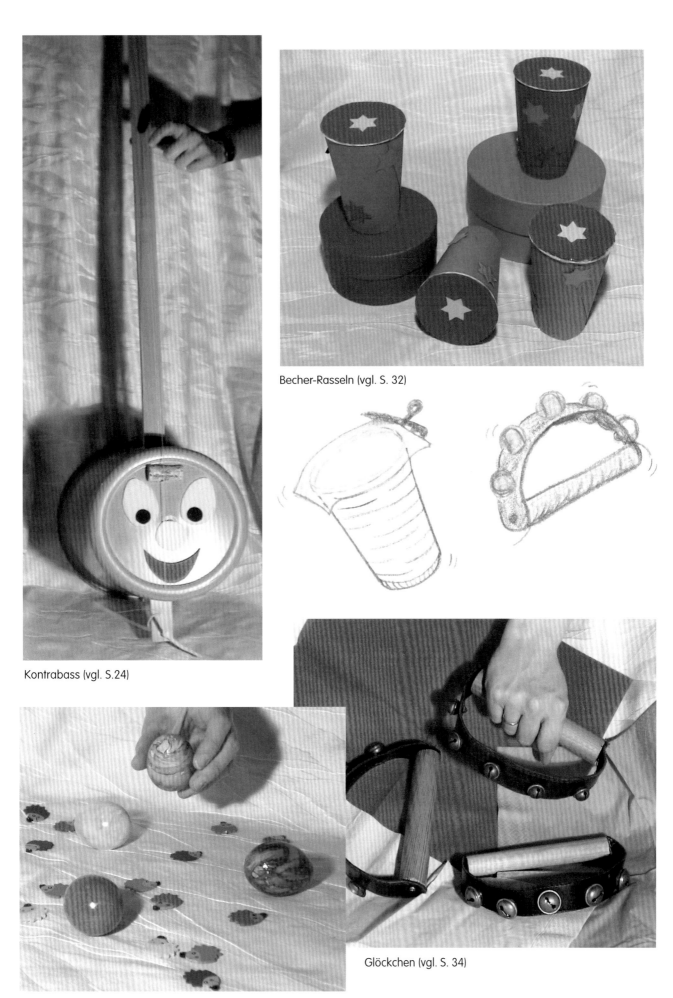

Becher-Rasseln (vgl. S. 32)

Kontrabass (vgl. S.24)

Glöckchen (vgl. S. 34)

Rassel-Eier (vgl. S. 31)

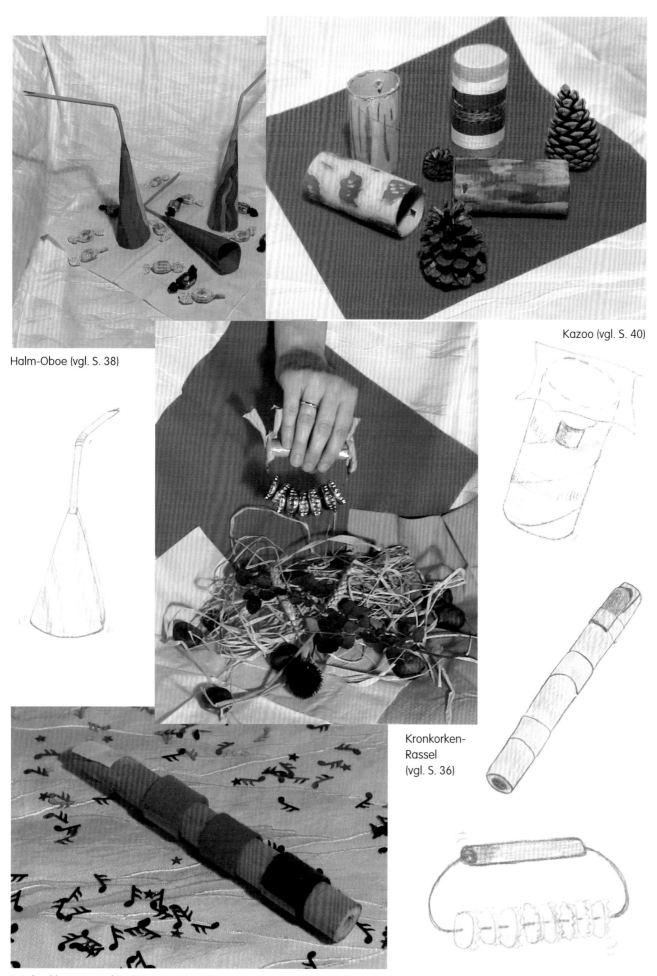

Halm-Oboe (vgl. S. 38)

Kazoo (vgl. S. 40)

Kronkorken-
Rassel
(vgl. S. 36)

Bambusklarinette (vgl. S. 42)

Arbeitsblatt Kontrabass

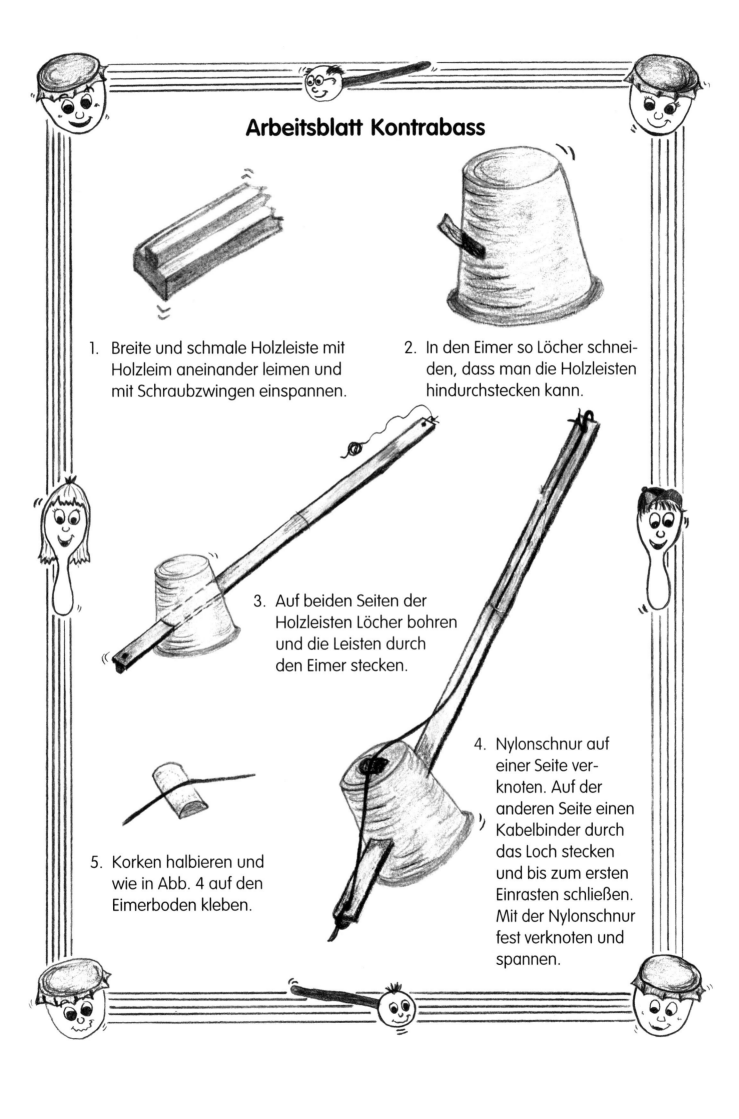

1. Breite und schmale Holzleiste mit Holzleim aneinander leimen und mit Schraubzwingen einspannen.

2. In den Eimer so Löcher schneiden, dass man die Holzleisten hindurchstecken kann.

3. Auf beiden Seiten der Holzleisten Löcher bohren und die Leisten durch den Eimer stecken.

4. Nylonschnur auf einer Seite verknoten. Auf der anderen Seite einen Kabelbinder durch das Loch stecken und bis zum ersten Einrasten schließen. Mit der Nylonschnur fest verknoten und spannen.

5. Korken halbieren und wie in Abb. 4 auf den Eimerboden kleben.

Praktische Anwendung im Unterricht

Den meisten Kindern ist das Lied „Drei Chinesen mit dem Kontrabass" bekannt. Dieses Lied eignet sich auch hier als Anwendungsmöglichkeit, insbesondere auch für eine Vorführung. Dazu sollte man versuchen, drei Kontrabässe möglichst auf einen Grundton zu stimmen. Die unten beschriebene Basslinie ist relativ leicht zu bewältigen, da nur drei Töne für die Begleitung des Liedes benötigt werden. Die passenden Töne sollten zuvor auf dem Griffbrett des Kontrabasses als Bundstäbe eingetragen werden, damit sich die Kinder orientieren können. Bei einer Aufführung können sich drei Kinder als Chinesen verkleiden und mit ihrem Kontrabass auftreten. Unterschiedliche Strophen entstehen in diesem Lied dadurch, dass man alle Vokale gegen einen gleichen austauscht, z. B.: „Dro Chonoson mot dom Kontroboss, soßen of dor Stroße ond orzohlton soch wos. Do kom do Polozo: O wos os donn dos? Dro Chonoson mot dom Kontroboss." Dies kann man mit allen Vokalen machen.

Drei Chinesen mit dem Kontrabass

4. Schüttelinstrumente

Die Schüttelinstrumente eignen sich besonders gut für kleine Kinder, da sie einfach herzustellen und auch einfach zu spielen sind. Sie eignen sich deshalb besonders im Anfangsunterricht. Trotz der einfachen Struktur der Instrumente kann man zahlreiche musikalische Sachverhalte verdeutlichen. Sie können bestens eingesetzt werden, um Lieder im Grundschlag oder auch mit rhythmischen Motiven zu begleiten.

4.1 Rassel-Ei

Der Bau dieses Instruments eignet sich besonders für die Osterzeit, es wird so zu einem „Oster-Rassel-Ei". Dieses Instrument sollte etwas langfristiger geplant werden, da ausgeblasene Eier benötigt werden, die gut ausgetrocknet sein müssen, bevor man sie befüllt. Es handelt sich hier um ein sehr kleines Instrument und eignet sich daher hervorragend zur Begleitung von Tänzen.

Material	Werkzeug
• 1 ausgeblasenes, trockenes Ei oder 1 Tischtennisball • Befüllung (Reis, Erbsen, Zucker o. Ä.) • Farbe	• Pinsel • Kleber Falls man einen Tischtennisball verwendet: • Drahtstück oder Nadel • Korken

Arbeitsschritte:

1. Wie man ein Ei ausbläst, sollte jedem bekannt sein, aber wie bekommt man ein Loch in einen Tischtennisball? Ein Stück Draht oder eine Nadel wird in einen Korken gesteckt. Der Draht bzw. die Nadel wird in einer Kerzenflamme erhitzt (dabei nur den Korken anfassen, weil sich das Metall sehr stark erwärmt). Mit dem erhitzten Metall kann man ein kleines Loch in den Tischtennisball brennen.

2. Durch das Loch wird nun nach und nach die Befüllung hineingesteckt. Dies erfordert ein wenig Geduld, denn die Anzahl der Körner muss groß genug sein für die Klangerzeugung.

Bei der Verzierung des neuen Instruments sind der Phantasie keine Grenzen gesetzt. Man kann das Ei oder den Tischtennisball bekleben, bemalen oder mit Kerzenwachs beträufeln. Kinder haben da sicherlich noch andere Ideen.

Praktische Anwendung im Unterricht

Egal, ob durch Bemalen, durch Bekleben mit Wolle bzw. Papier oder durch In-Farbe-Tauchen (dazu aber dringend die Löcher mit Kleber verschließen), ein Instrument sollte möglichst schön aussehen. Es ist motivierend für Kinder, wenn sie ein fertiges Instrument als Vorlage sehen. Man sollte also unterschiedlich verzierte Instrumente als Beispielexemplare bereithalten.
Ein schönes Spiel im Unterricht: das Rassel-Ei über den Boden rollen lassen, während die Kinder die Augen geschlossen haben. Sie sollen dann hören, in welche Richtung das Ei gerollt ist. Dies funktioniert natürlich nur auf glatten Böden und bei absoluter Ruhe.

4.2 Becher-Rassel

Die Becher-Rassel ist das Instrument, welches oftmals als erstes Instrument in der Arbeit mit Kindern innerhalb der musikalischen Früherziehung gebaut wird. Es kommt in Klang und Spielweise den Maracas nahe.

Material
• 1 Plastikbecher
• Füllung (Reis, kleine Steine, Papierkügelchen, Sand, Erbsen usw.)
• Papier

Werkzeug
• Kleber (Heißklebepistole)
• Schere
• Farbstifte

Arbeitsschritte:

1. Da man auf Plastik mit gewöhnlichen Stiften nicht malen kann, dient der erste Arbeitsabschnitt der Herstellung einer Ummantelung. Dazu wird die Zeichenvorlage, auf der die äußere Form des Bechers vorgezeichnet ist, für jedes Kind auf dünne Pappe oder Papier übertragen und von den Kindern ausgeschnitten. Diese kann nun beliebig bemalt werden.

2. Während die Kinder mit dem Ausschneiden und Malen beschäftigt sind, kann man jedes Kind einzeln zu sich kommen lassen. Der Becher wird mit dem ausgesuchten Material befüllt und ein Stück Pappe wird als Deckel aufgeklebt (am besten mit der Heißklebepistole, damit man die Rassel anschließend gleich benutzen kann).

3. Jedes Kind kann dann an seinem Platz vorsichtig den überstehenden Rand abschneiden. Zum Schluss wird die Ummantelung um die Rassel geklebt.

Praktische Anwendung im Unterricht

Nach Fertigstellung ist es interessant zu vergleichen, wie die einzelnen Füllmaterialien in einer Rassel zu unterschiedlichen Klängen führen. Dazu spielt jedes Kind sein Instrument vor und die anderen erraten, mit welchem Material der Becher gefüllt wurde. Kleine Materialien bringen einen weicheren und leiseren Klang hervor als größere. Ebenso spielt die Festigkeit der Befüllung für den Klang eine entscheidende Rolle.

Unterschiedliche Rasseln können auch bei Festen ein schönes Ratespiel für Gäste sein. Man sollte ein Bild der Befüllung unter die Rassel kleben, damit man gleich kontrollieren kann, ob man richtig geraten hat.

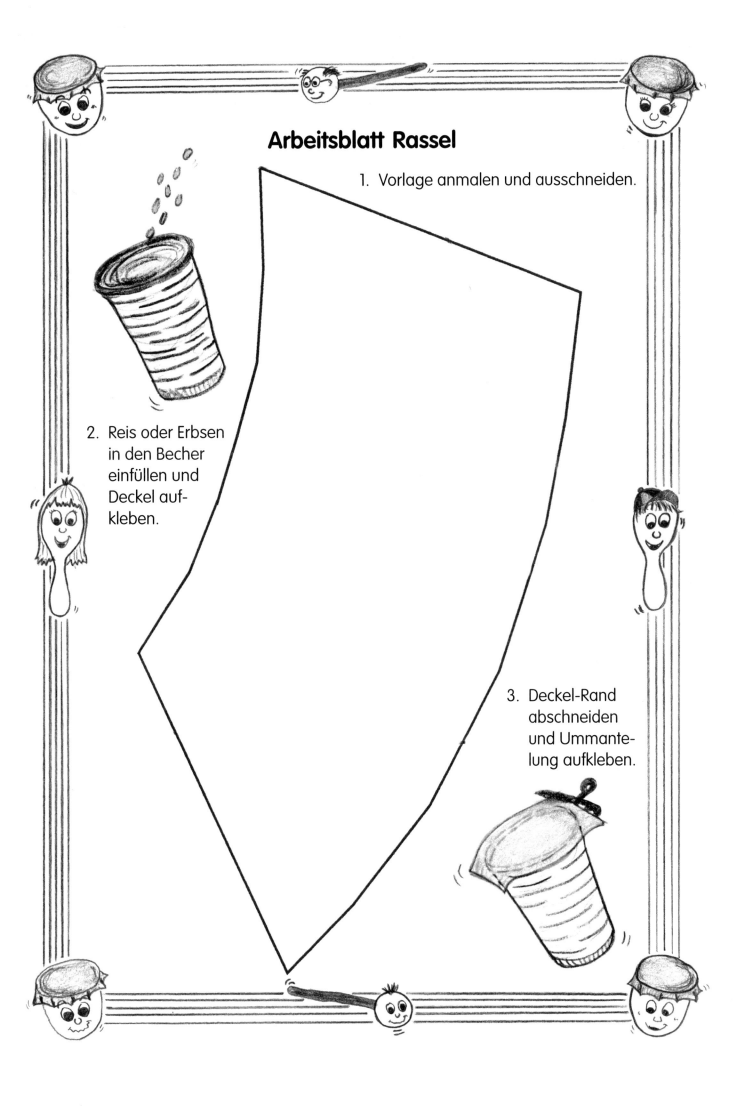

Arbeitsblatt Rassel

1. Vorlage anmalen und ausschneiden.

2. Reis oder Erbsen in den Becher einfüllen und Deckel aufkleben.

3. Deckel-Rand abschneiden und Ummantelung aufkleben.

4.3 Glöckchen

Die Herstellung der Glöckchen bietet sich besonders in der Weihnachtszeit an. Es ist ein Instrument, welches zum Winter passt: Ein Gespräch mit den Kindern kann beispielsweise Auskunft darüber geben, dass früher Pferdeschlitten durch die Straßen fuhren, an denen Glocken angebracht waren, oder dass auch die Pferde mit Glöckchen geschmückt waren.

Material	Werkzeug
• 1 alter Gürtel • 1 Rundholz (Ø 1 cm) • Draht • 5 Glöckchen (Bastelgeschäft) • 2 kleine Schrauben	• Schraubendreher • Säge • scharfes Messer (Cutter) • Schmirgelpapier

Arbeitsschritte:

1. Von dem alten Gürtel wird zu Beginn die Metallhalterung abgeschnitten. Danach schneidet man ein ca. 20 cm langes Stück vom Gürtel ab.

2. Vom Rundholz sägt man ein ca. 12 cm langes Stück ab und glättet die Enden mit Schmirgelpapier.

3. Das abgeschnittene Gürtelstück wird nun mit jeweils einer Schraube an den Enden des Holzstabes befestigt. Dazu ist es hilfreich, wenn man in den Mittelpunkt des Rundholzes mit einem spitzen Gegenstand kleine Löcher vorsticht. Die Schrauben werden noch nicht fest angezogen.

4. Die fünf Glöckchen werden in möglichst gleichmäßigem Abstand an dem Gürtelstück befestigt, indem ein kleines Loch mit dem scharfen Messer (Cutter) in die jeweilige Stelle geschnitten und das Glöckchen mit der Öse hindurchgesteckt wird.

5. Damit die Glöckchen nicht wieder herausfallen, wird nun ein dünner Draht durch die Ösen der Glöckchen hindurchgezogen. Die Drahtenden werden einige Male um die Schrauben gewickelt (zwischen Rundholz und Gürtel). Die Schrauben können anschließend fest angezogen werden.

Praktische Anwendung im Unterricht

Leopold Mozart hat ein Stück mit dem Titel „Musikalische Schlittenfahrt" komponiert (z. B. CD: Polydor International GmbH, Hamburg 1975). Dieses Stück (insbesondere Nr. 5: „Schlittenfahrt") eignet sich zum Anhören und Mitspielen für Kinder. Zu den einzelnen Teilen können Kinder Bilder malen, welche den Schlitten auf der Fahrt zeigen.

Arbeitsblatt Glöckchen

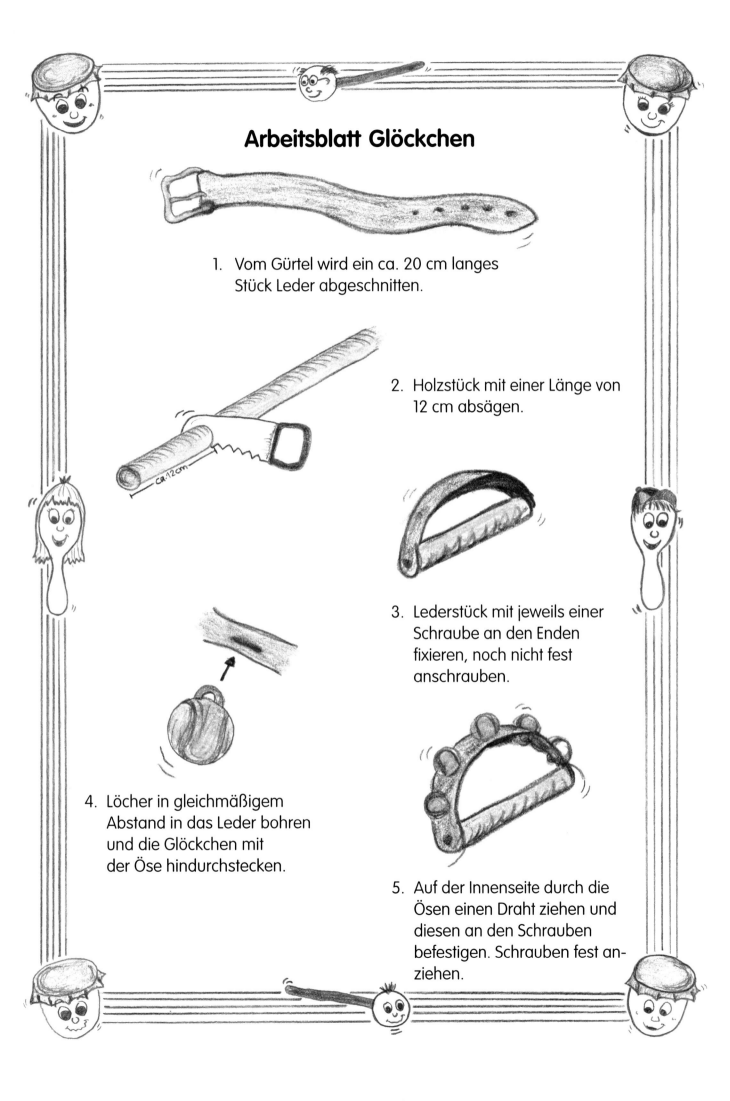

1. Vom Gürtel wird ein ca. 20 cm langes Stück Leder abgeschnitten.

2. Holzstück mit einer Länge von 12 cm absägen.

3. Lederstück mit jeweils einer Schraube an den Enden fixieren, noch nicht fest anschrauben.

4. Löcher in gleichmäßigem Abstand in das Leder bohren und die Glöckchen mit der Öse hindurchstecken.

5. Auf der Innenseite durch die Ösen einen Draht ziehen und diesen an den Schrauben befestigen. Schrauben fest anziehen.

4.4 Kronkorken-Rassel

Die Kronkorken-Rassel ist ein Instrument für die Kinder, die Spaß an der Arbeit mit „richtigem" Werkzeug haben, denn man benötigt einen Hammer und einen spitzen Meißel. Allerdings darf auch hier die Geduld nicht fehlen.

Material	Werkzeug
● ca. 20 Kronkorken (Bierflaschenverschlüsse) ● steifer Draht ● Klebeband ● 1 hohler Holzstab oder Metallstück	● Hammer ● spitzer Meißel (Körner) ● Säge ● Schmirgelpapier

Arbeitsschritte:

1. In die Mitte der Kronkorken wird mit Hammer und spitzem Meißel jeweils ein Loch geschlagen. Nun werden die Kronkorken auf ein ca. 25 cm langes Stück Draht aufgesteckt.

2. Vom hohlen Holzstab wird ein 8 cm langes Stück abgesägt, mit Schmirgelpapier geglättet und auf eine Seite des Drahtes gesteckt.

3. Anschließend werden die beiden Drahtenden miteinander verdreht und mit Klebeband umwickelt.

4. Das Holzstück wird nun über das Klebeband geschoben und dient als Griff für das Instrument.

Die Kronkorken-Rassel kann nun zum Beispiel mit bunten Bändern verziert werden. Die Phantasie der Kinder bringt sicherlich noch bessere Ideen hervor.

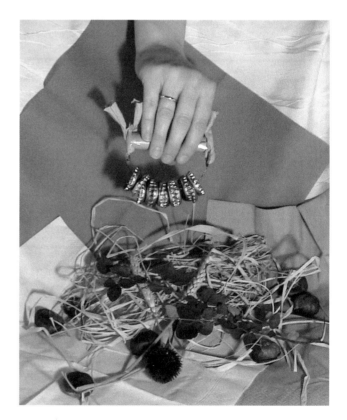

Praktische Anwendung im Unterricht

Die grafische Notation sollte im Unterricht nicht zu kurz kommen. Mit der Kronkorken-Rassel kann man dynamisch sehr differenziert spielen. Deshalb bietet sich dieses Instrument an, dynamische Übungen nach Zeichnungen der Kinder spielen zu lassen.

Arbeitsblatt Kronkorken-Rassel

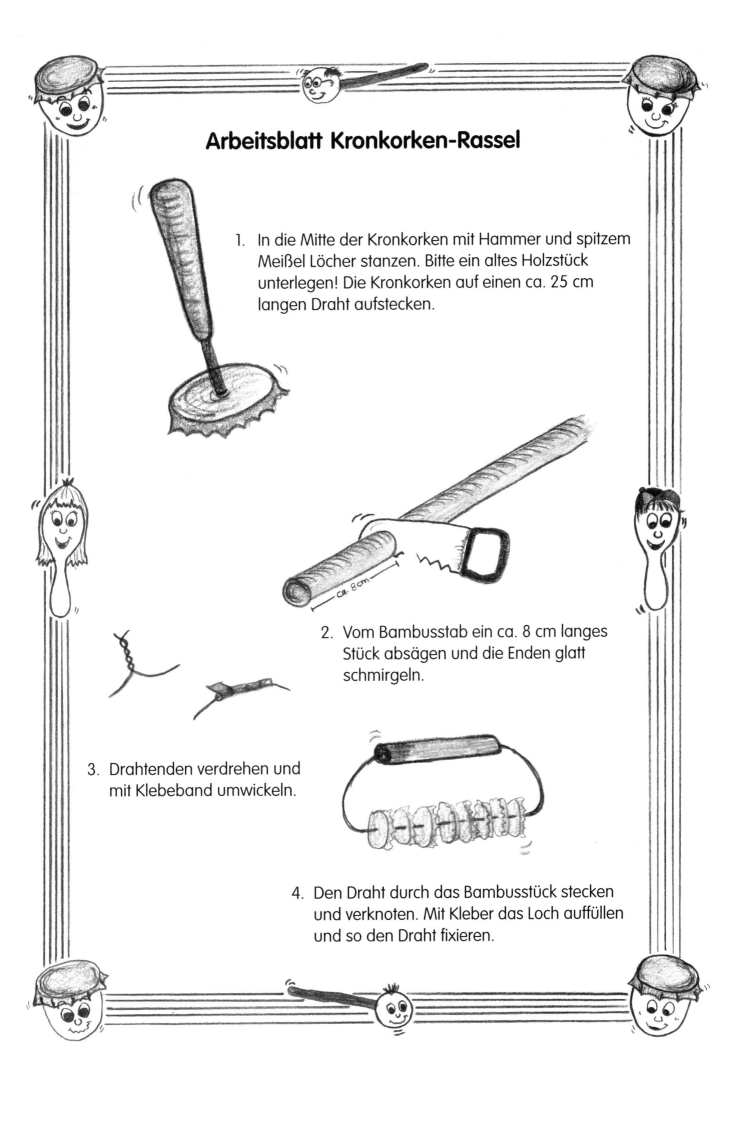

1. In die Mitte der Kronkorken mit Hammer und spitzem Meißel Löcher stanzen. Bitte ein altes Holzstück unterlegen! Die Kronkorken auf einen ca. 25 cm langen Draht aufstecken.

2. Vom Bambusstab ein ca. 8 cm langes Stück absägen und die Enden glatt schmirgeln.

3. Drahtenden verdrehen und mit Klebeband umwickeln.

4. Den Draht durch das Bambusstück stecken und verknoten. Mit Kleber das Loch auffüllen und so den Draht fixieren.

5. Blasinstrumente

Die Familie der Blasinstrumente ist sehr vielfältig: Man unterscheidet diese nicht nur nach den verwendeten Baumaterialien Blech und Holz (z. T. auch Kunststoff), sondern besonders nach der jeweiligen Blastechnik: Rohrblatt- und Doppelrohrblattinstrumente, Blechblasinstrumente und die Familie der Flöten haben ihre jeweils spezifische Blastechnik der Klangerzeugung.

5.1 Halm-Oboe

Die Halm-Oboe gehört blastechnisch zu den Doppelrohrblattinstrumenten. Sie ist ein Instrument, welches in der Herstellung einfach ist, aber beim Spielen etwas Übung und viel Luft erfordert. Dieses Instrument eignet sich gut zum Bauen in großen Gruppen (Sommerfest, Weihnachtsfeier).

Material
• 1 Strohhalm
• dünne Pappe
• Tesafilm

Werkzeug
• Schere
• Kleber (Heißklebepistole)
• Farbstifte

Arbeitsschritte:

1. Zunächst wird die Spitze des Strohhalms fest zusammengedrückt und pfeilförmig zugeschnitten.

2. Als Klang-Verstärker dient ein selbst gebauter Trichter aus dünner Pappe. Die Grundfläche des Trichters wird auf Pappe übertragen und ausgeschnitten. Anschließend wird diese bemalt, zu einem Trichter geformt und zusammengeklebt (bei Verwendung einer Heißklebepistole ist das Trocknen nicht nötig). Man sollte darauf achten, dass ein Loch vorhanden ist, durch welches der Strohhalm gesteckt wird.

3. Nachdem der Kleber getrocknet ist, wird der Strohhalm durch den Trichter gesteckt. Damit dieser nicht abrutschen kann, verbindet man beide mit Tesafilm.

Praktische Anwendung im Unterricht

Die Tonerzeugung ist bei diesem Instrument nicht so einfach und erfordert einiges an Übung. Man nimmt das zugeschnittene Ende des Strohhalms zwischen die Lippen und bläst kräftig hinein. Die Lippen müssen leicht aufeinander gedrückt werden. Man sollte auch den Strohhalm unterschiedlich weit in den Mund schieben und testen, wann der Ton entsteht. Irgendwann klappt es bestimmt.
Zum Einsatz kann dieses Instrument immer dann kommen, wenn man auf etwas aufmerksam machen will. Ein Beispiel könnte eine Schuldemonstration sein oder auch einfach ein Startsignal für eine Veranstaltung.

Arbeitsblatt Halm-Oboe

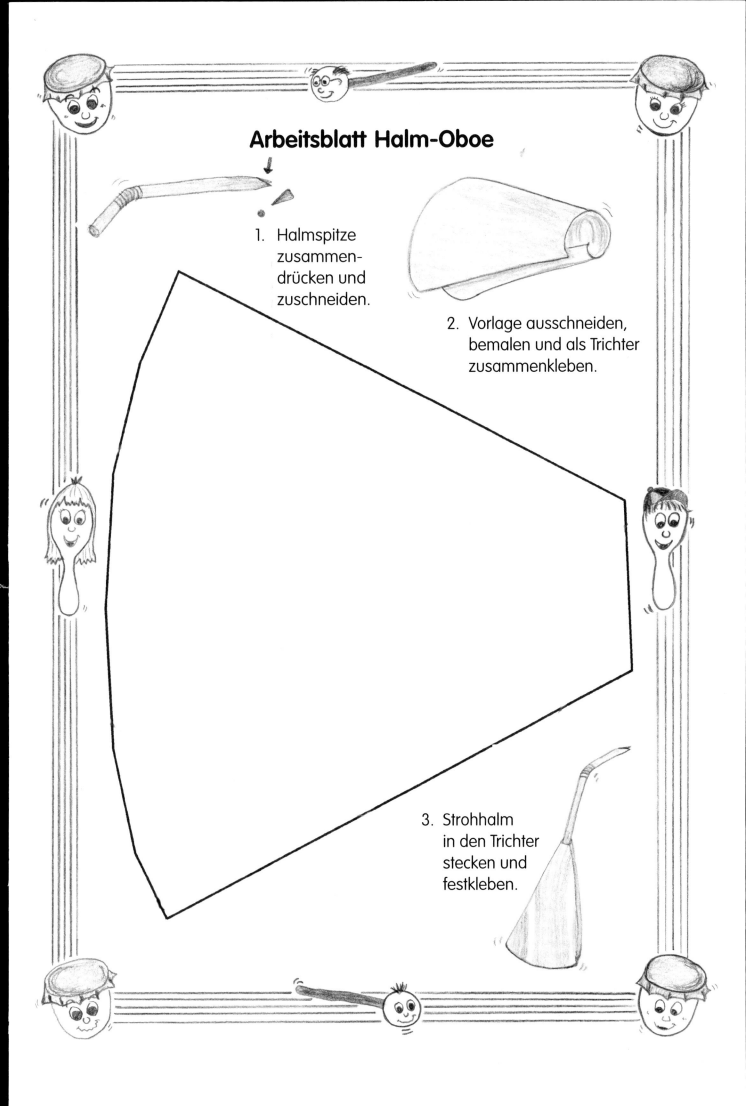

1. Halmspitze zusammendrücken und zuschneiden.

2. Vorlage ausschneiden, bemalen und als Trichter zusammenkleben.

3. Strohhalm in den Trichter stecken und festkleben.

5.2 Kazoo

Das Kazoo, benannt nach dem gleichnamigen krächzenden Vogel, fasziniert die meisten Kinder sehr, da es unscheinbar aussieht, aber eine große Wirkung hat. Es ist ein Instrument, welches besonderen Wert im Bereich Stimmbildung hat. Viele Kinder trauen sich oftmals nicht zu singen. In dieses Instrument traut sich fast jedes Kind hineinzusingen. Der Klang wird so stark verzerrt, dass Kinder keine direkte Verbindung mit ihrer Stimme empfinden. Dadurch kommen auch die Hemmungen gegenüber der eigenen Singstimme nicht so zum Tragen: Kinder kommen frei zum Singen.

Material	Werkzeug
• 1 Pappröhrchen (Klopapierrolle) • Butterbrotpapier • 1 Gummiband	• Schere • Kleber (Heißklebepistole) • scharfes Messer (Cutter) • Farbstifte

Arbeitsschritte:

1. Mit einem scharfen Messer (Cutter) wird auf der einen Seite der Papprolle im Abstand von ca. 1 cm vom Rand ein kleines Loch eingeschnitten.

2. Auf den Rand dieser Seite bringt man vorsichtig gleichmäßig Kleber auf. Darauf legt man straff gespannt Butterbrotpapier (zuvor grob zugeschnitten) und fixiert dieses mit einem Gummiband (bei Verwendung einer Heißklebepistole ist das Trocknen nicht nötig). Den Rand des Butterbrotpapiers schneidet man ab.
Wenn der Kleber getrocknet ist, kann man das Instrument schön verzieren.

Anwendungsbeispiel: Im Rohre sitzt ein kleiner Mann

Das folgende Lied kann mit Kazoo gespielt werden, in dem die Stelle „Hu a" in das Kazoo gesungen wird. Nach den Strophen singt man die Melodie auf einem Vokal in das Kazoo.

Text und Musik: Rudolf Nykrin

2. Die Sonne lacht, der Tag ist warm. Hu a. Im Rohr ist auch ein Bienenschwarm. Hu a. Bienenschwarm im Rohr, sing dein Liedchen vor. (Melodie auf „Hi")

3. Im Rohr ist auch ein Kakadu. Hu a. Der krächzt und schreit und pfeift dazu. Hu a. Kakadu im Rohr, sing dein Liedchen vor. (Melodie auf „Hä")

Arbeitsblatt Kazoo

1. Mit einem scharfen Messer wird auf der einen Seite der Rolle ein Loch geschnitten (s. Abbildung).

2. Auf das Rollenende, das dem Loch näher liegt, bringt man vorsichtig und gleichmäßig ein wenig Kleber auf. Darauf legt man straff gespannt Butterbrotpapier.

5.3 Bambusklarinette

Die Bambusklarinette soll hier als exemplarisches Instrument der Rohrblattinstrumente dienen. Es handelt sich um ein Instrument, welches einiger Übung bedarf, damit man schöne Töne erzeugen kann. Auch die Herstellung erfordert etwas Geschick. Dennoch ist es eine besondere Erfahrung für die Kinder, dass auf diese Art und Weise so interessante Töne entstehen.

Material	Werkzeug
• 1 Stück Bambusrohr (zwischen den Zapfen) • 1 eckiger Plastikbecher (Joghurtbecher) • Tesafilm	• Säge • Feile • Schere

Arbeitsschritte:

1. Von einem Bambusrohr sägt man ein Stück so ab, dass keine Zapfen vorhanden sind.

2. An einer Seite sägt man keilförmig ein ca. 2 cm langes Stück heraus (siehe Zeichnung) und feilt die Fläche glatt.

3. Von einem eckigen Plastikbecher (Joghurtbecher) schneidet man eine Seite ab. Auf diese malt man die Form der abgesägten Bambusrohr-Seite auf und schneidet diese aus (siehe Zeichnung).

4. Das ausgeschnittene Plastik wird nun mit Tesafilm so angebracht, dass das Bambusrohr einen kleinen Spalt offen bleibt. Das Tesafilm wird so angesetzt, dass es den abgesägten Teil des Holzes nicht bedeckt.

Praktische Anwendung im Unterricht

Mit der Bambusklarinette Lieder zu spielen, ist sicher eine Überforderung für Kinder. Sie eignet sich aber hervorragend für die Ausführung von einfachen grafischen Notationsformen mit verschiedener Tonhöhe. Durch unterschiedlich starkes Hineinpusten entstehen unterschiedlich hohe Töne. Jedes Kind kann so sein eigenes Stück komponieren und vortragen.

Arbeitsblatt Bambusklarinette

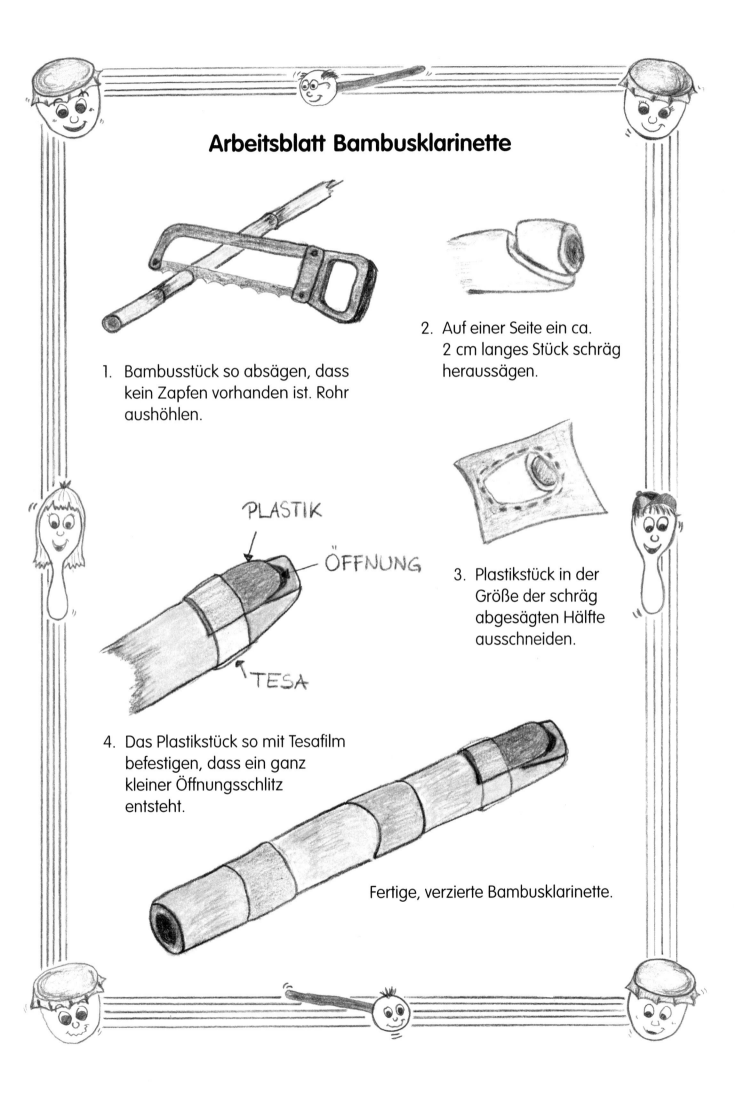

1. Bambusstück so absägen, dass kein Zapfen vorhanden ist. Rohr aushöhlen.

2. Auf einer Seite ein ca. 2 cm langes Stück schräg heraussägen.

3. Plastikstück in der Größe der schräg abgesägten Hälfte ausschneiden.

PLASTIK

ÖFFNUNG

TESA

4. Das Plastikstück so mit Tesafilm befestigen, dass ein ganz kleiner Öffnungsschlitz entsteht.

Fertige, verzierte Bambusklarinette.

Zugabe: Instrumentenmobile

Alle Tüftler finden hier eine Bastelvorlage für ein Instrumentenmobile. Da die Teile sehr klein sind, erfordert das Basteln etwas Geduld und Geschick. Es ist sinnvoll, die Abbildung auf bunte Pappe zu kopieren und dann auszuschneiden. Für die Aufhängung benötigt man 6 Holzstäbe und Nylonschnur.

Viel Spaß!!!

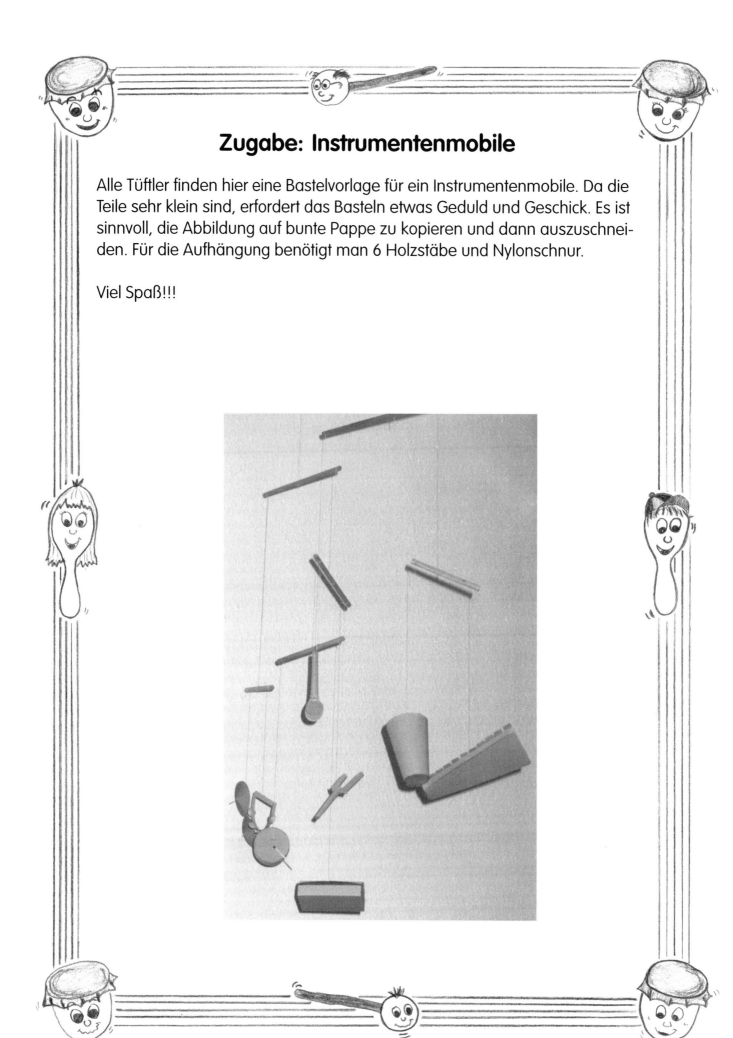

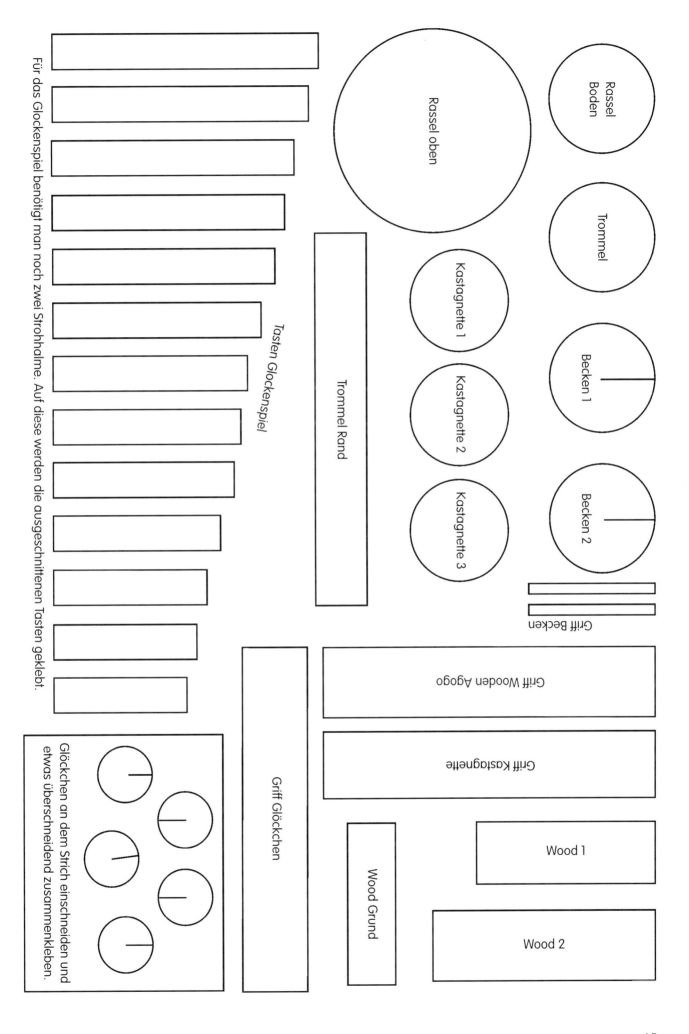

Für das Glockenspiel benötigt man noch zwei Strohhalme. Auf diese werden die ausgeschnittenen Tasten geklebt.

Tasten Glockenspiel

Rassel oben

Rassel Boden

Trommel

Kastagnette 1

Kastagnette 2

Kastagnette 3

Becken 1

Becken 2

Trommel Rand

Griff Becken

Griff Wooden Agogo

Griff Kastagnette

Griff Glöckchen

Wood Grund

Wood 1

Wood 2

Glöckchen an dem Strich einschneiden und etwas überschneidend zusammenkleben.

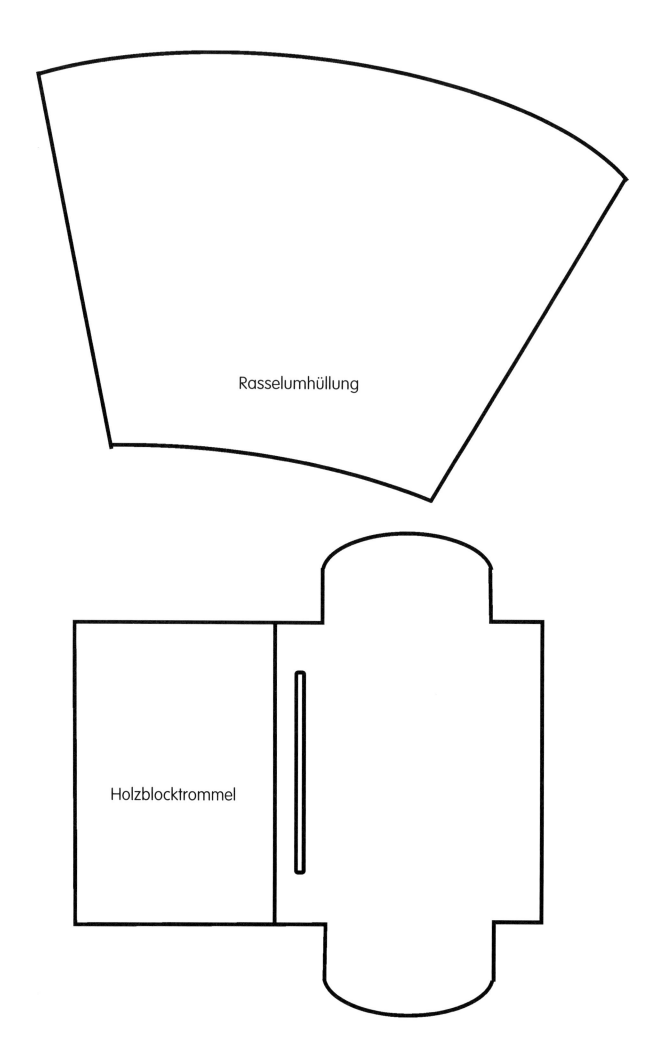

Rasselumhüllung

Holzblocktrommel